투자는
워런
버핏
Warren
Buffett
처럼

투자는 워런 버핏처럼

Warren Buffett

구와바라 데루야 지음 |
김경원 옮김

주식으로 부자 되는
버핏의 투자 법칙 7

에이지21

Warren Buffett

들어가며

세계 부호 순위 톱10에 25년이나 군림하는 대부호.

자신이 경영하는 투자회사의 주가를 45년에 82만 퍼센트나 상승시킨 천재 투자가.

'버핏세(稅)'를 제창하는 등 미국 대통령을 움직이는 힘이 있는 현인.

워런 버핏은 이런 인물이지만 그의 행동 원리는 단순하다.

다음의 투자 조건이 중요하다.

◦ 손해를 보지 말 것.
◦ 이 원칙을 잊지 말 것.

아주 심플하다.

그러나 우리는 여간해서 이 조건을 지키지 못한다.

혹시 여러분은 '비즈니스는 손해 보면서 이익을 취하는 것'이라는 상식에 안주하고 있지 않은가. 하지만 이 부호의 머릿속에는 '손해를 봐도 된다'는 발상 따위 없다.

또는 주가의 폭등이나 폭락에 휘둘려 자아를 잊어버리는 것은 아닐까? 그렇지만 부호가 주목하는 것은 주가가 아니라 회사의 가치다.

버핏의 행동 원리는 그 밖에도 공식처럼 받아들여진다. 예를 들면 '주식의 장기 보유', '분산투자가 아니라 집중투자', '경영자의 자질 중시' 같은 것이다. 어느 것이나 당연하기 짝이 없다. 투자하거나 검약하는 방법을 배우고 싶지만 딱히 일부러 배워야 할 것이 없는 것 같기도 하다.

그러나 버핏의 삶이나 업적을 꼼꼼하게 살펴보면 겉으로는 드러나지 않는 몇 가지 법칙이 시야에 들어온다.

그 법칙을 이해하기만 하면 '간단한데도 실천하기는 어렵다'는 인상을 주던 것이 '간단하니까 얼마든지 해볼 수 있다'로 바뀐다.

이 책은 버핏이 부의 원천으로 삼은 법칙을 일곱 가지로 정리했다.

내가 버핏에게 관심을 기울인 계기는 도요타의 생산 방식이었다.

도요타의 생산 방식도 '스스로 생각하기', '낭비 줄이기', '사람 중시' 같은 지극히 당연한 것이었다. 나는 이를 바탕으로 누구나 지킬 수 있는 법칙을 선별해 한 권으로 엮어내는 일에 매달린 적이 있다. 10년 전쯤이었다.

그때 우연히 버핏의 책을 읽고 깜짝 놀랐다. 도요타와 버핏의 바탕이 근본적으로 같았기 때문이다. 미국인이 내세우는 투자 방법과 일본 기업이 내세운 제조 기술이 닮았다는 사실이 신기했다.

버핏은 투자와 관계없는 IT 기업가에게도 열렬한 지지를 받았다. 구글의 창업자 래리 페이지와 세르게이 브린이 대표적이다. 그는 마이크로소프트의 창업자 빌 게이츠와도 친분이 있다. 페이스북의 창업자 마크 저커버그도 그에게 간접적으로 영향을 받았다.

이렇게 보면 이 세상의 온갖 사물과 사상은 근본적으로 서로 통한다는 것을 알 수 있다.

이제 우리는 투자의 세계에서 탐욕의 세계와 선을 긋고 '훌륭한 삶'을 살며 세계적인 성공을 거둔 워런 버핏에게 지혜를 빌려야 한다.

이 책이 그의 지혜를 실천하는 첫걸음이길 바란다.

_ 구와바라 데루야

워런 버핏 투자의 세계

홍춘욱

세계 최고의 기업을 꼽으라면 많은 사람이 고민할 것입니다. 세계 검색 시장을 제패하고 있는 구글을 떠올릴 사람도, 매년 혁신 신제품을 내놓으면서 소비자의 구매 욕구를 자극하는 애플을 거론하는 사람도 있을 것입니다. 그러나 '세계 최고의 투자자가 누구냐'는 질문에 워런 버핏 이외의 사람을 떠올리는 이는 드물 것입니다.

다음 〈그림〉은 1964년 이후 워런 버핏이 이끄는 투자 지주회사 버크셔 해서웨이의 주당 순자산가치(BPS)와 스탠더드앤푸어스 500(S&P500) 지수의 성과를 보여주는데, 워런 버핏이 장기간에 걸쳐 지속적으로 시장의 성과를 압도했음을 알 수 있습니다.

참고로 1964년 이후 버크셔 해서웨이는 연평균 18.9%씩 순자산을 불려왔습니다. 만일 어떤 사람이 1964년에 100달러를 버크셔 해서웨이에 투자했다면 2018년 말 그가 투자한 자산은 114.5만 달러로 불어났을 것입니다. 같은 기간 S&P500 인덱스펀드에 동일한 금액을 투자했다면 2018년 말 2,958달러가 되어 있겠죠. 여기서 인덱스펀드란 S&P500 지수에 포함된 500여 개의 종목을 비중에 따라 분산투자하는 펀드를 뜻합니다. 펀드 매니저가 독자적인 판단에 의지해 주식을 매매하는 게 아니라 S&P500 지수의 성과를 그대로 복제하는 형태의 펀드라고 할 수 있습니다.

버크셔 해서웨이의 주당 순자산가치와 S&P500 지수 성과 비교

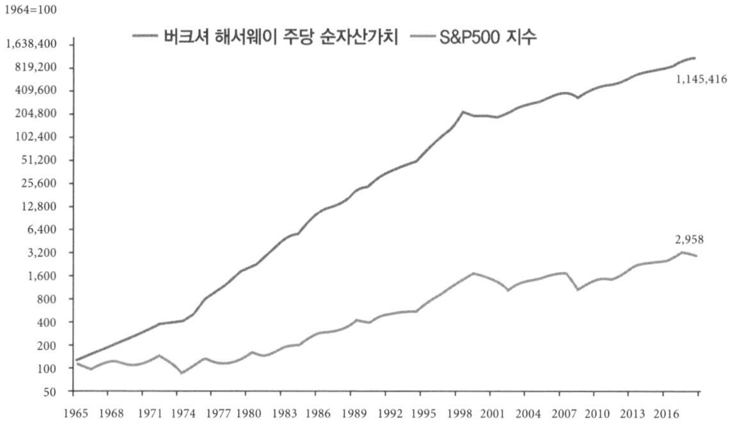

출처 | 버크셔 해서웨이, 블룸버그

그런데 이 대목에서 한 가지 더 놀라운 사실이 있습니다. 버크셔 해서웨이의 주가는 S&P500에 비해 월등하게 많이 올랐으면서도 안전하기까지 했다는 점입니다. 대표적인 예가 2018년입니다. 당시 미국 주식시장은 연방준비제도이사회(=미국의 중앙은행)의 금리 인상이 불러올 불황에 대한 공포로 6.2% 떨어졌지만 버크셔 해서웨이 주가는 오히려 2.8% 상승했습니다. 뿐만 아니라 지난 54년 동안 버크셔 해서웨이가 마이너스 성과를 기록한 것은 11번에 불과했던 반면, S&P500 지수는 무려 16번이나 마이너스 수익률을 기록했죠.

1998년 이후 버크셔 해서웨이와 S&P500 지수의 연도별 상승률 비교

출처 | 블룸버그

대체 어떻게 이런 일이 가능했을까요? 이 비밀을 밝히기 위해 많은 사람이 노력했습니다. 데이터를 활용해 투자에 적합한 기업을 골라내는 일을 하는 '정량 분석가'들은 워런 버핏이 투자한 종목을 분석해 공통의 특징을 밝혀내기 위해 노력했고, 많은 저술가는 워런 버핏이 주주총회나 주주서한에서 밝힌 의견을 통해 그의 투자 철학을 정리하려 애썼습니다.(이 대목에서 정량 분석 논문을 좋아하는 사람은 Andrea Frazzini, David Kabiller, Lasse Heje Pedersen가 쓴 논문 〈Buffett's Alpha〉를 추천합니다. 그리고 워런 버핏의 주주서한 및 주총 Q&A를 통해 그의 철학을 공부하고 싶은 사람은 이건 선생님이 번역한 책 〈워런 버핏 바이블(2017)〉과 〈워런 버핏 라이브(2019)〉를 추천합니다)

오늘 제가 추천하는 책 '투자는 워런 버핏처럼' 역시 이런 성과물 가운데 하나입니다. 다만 많은 워런 버핏 관련 책 가운데 유독 이 책을 추천하는 이유는 워런 버핏의 투자 철학을 정리하는 아래 글에 있습니다.

- 매입 시점의 주가에 얽매이지 말 것.
- 서둘러 작은 이익을 얻으려고 하지 말 것.

어떻습니까? 간명하지 않습니까.

수백 페이지에 달하는 두꺼운 책을 읽으면 워런 버핏의 투자 철학을 더욱 정교하게 습득할 수 있을 것입니다. 그리고 유명 대학의 교수님이 쓴 실증분석 논문을 읽어도 워런 버핏의 투자 스타일을 복제할 수 있습니다. 그러나 이 방법들은 프로를 지향하는 투자자에게 적합할지 몰라도 초보 투자자에게는 큰 장벽으로 다가옵니다. 그러나 오늘 소개하는 이 책은 워런 버핏의 투자 철학을 초보자의 눈높이에 맞춰 설명하는 장점이 있습니다.

특히 본문에 나오는 다음의 대화는 가슴을 치는 부분이 있습니다.

그린은 갑자기 (대학생이던) 버핏에게 이렇게 물었다.

"마셜 웰스의 주식을 왜 샀니?"

"(위대한 투자자, 벤저민) 그레이엄이 샀으니까요."

아직 대학생이었던 그는 자신도 모르게 이런 대답이 튀어나왔다. 그러자 그린은 "원 스트라이크!" 하고 외쳤다.

"남이 샀으니까 너도 샀단 말이냐? 잘 들어봐. 투자는 자기 머리로 생각해야 하는 거야. 아직 아웃을 당하지는 않았지만 스트라이크 하나를 먹은 셈이야." 그의 한마디는 바로 다음의 강렬한 가르침을 의미했다. 다시 말해 이때 버핏은 두 가지 교훈을 얻었다. (중략) 스스로 생각하지 않으면 투자에서 성공하기 어렵다.

스스로 생각해서 투자하지 않으면 투자에서 성공하기 어렵다! 참으로 중요한 경구라 생각됩니다. 그럼 어떻게 '스스로 생각'할 수 있을까요? 저는 이 대목에서 벌써 마음이 답답해집니다. 물론 워런 버핏처럼 열심히 기업들이 매년 공개하는 재무제표를 읽는 것에서 시작할 수도 있지만, 초보 투자자에게는 너무나 힘들고 어려운 길이 될 것입니다.

이럴 때 저는 '스승'을 찾으라고 말합니다. 세계 최고의 투자자, 워런 버핏의 투자 철학을 알기 쉽게 그리고 간략하게 요약한 책으로부터 공부를 시작하다 보면 언젠가는 '스스로 생각하며 투자'하는 것이 가능하지 않을까 기대해 봅니다.

마지막으로 투자의 위험을 다룬 본문 대목을 인용하며 추천사를 마칠까 합니다.

> "자신이 잘 알지 못하는 기업에 분산투자함으로써 리스크를 회피할 수 있다는 생각은 잘못입니다."
>
> 버핏의 스승 벤저민 그레이엄은 투자에 성공하려면 사업에 성공하는 원칙을 따라야 한다고 말한다.
>
> 그 원칙이란 '자신의 사업을 알라'는 것이다.

자신이 잘 알지도 못하는 기업에 투자함으로써 '손실 위험'을 회피하려 드는 것은 매우 잘못된 행동이죠. 마찬가지로 자기가 제대로 이해하지도 못할 어려운 책이나 논문을 읽은 후 다 이해한 것처럼 자신에 차서 투자에 나서는 것도 피해야 할 행동이 아닐까요.

부디 많은 분이 쉽고도 재미있는 책, '투자는 워런 버핏처럼'을 통해 워런 버핏 투자의 세계에 흠뻑 빠져들기를 기대합니다.

투자자라면 워런 버핏을 이해하자

김성일

투자란 리스크를 감내하고 수익을 내는 행위를 말한다. 주식, 채권, 부동산, 금, 암호화폐 등 투자 대상이 무엇이건 투자자는 자기 투자의 리스크를 이해하고 있어야 한다. 그래야 리스크를 관리할 수 있다. 리스크를 관리한다는 건 위험을 낮추거나 높일 수 있다는 말이다. 투자자 스스로가 감당할 수 있는 리스크의 크기를 알아야 한다. 그리고 그 위험 감내도에 맞춰 리스크를 관리해야 한다. 그 이후 '적정한' 수익률이 따라오는 것이다. 수익이 높은 자산을 찾아 여기저기 헤매고, 최고의 매매 타이밍을 찾으려 하는 것은 투기에 가까운 행위일 수 있다.

투자자들이 워런 버핏을 좋아하고 추종하는 가장 큰 이유는 아마도 그가 세계에서 손꼽히는 부자이기 때문일 것이다. 버핏은 미국의 경제 전문지 〈포브스〉의 세계 부자 순위에 1986년부터 매년 베스트 10에 이름을 올리고 있다. 2018년 〈포브스〉의 발표에 따르면 버핏은 3위를 기록했다. 1위는 제프 베조스(아마존: IT), 2위 빌 게이츠(마이크로소프트: IT), 4위 베르나르 아르노(루이비통: 명품 브랜드), 5위 마크 주커버그(페이스북: IT), 6위 아만시오 오르테가(인디텍스: 패스트패션 기업), 7위 카를로스 슬림(아메리칸 모빌: 멕시코 통신회사), 8위 찰스 코흐와 데이비드 코흐 형제(코흐 인더스트리: 석유화학 제품), 9위 래리 앨리슨(오라클: IT), 10위 마이클 블룸버그(블룸버그 L.P.: 미디어) 등이다.

세계 최고 부자들의 이름과 회사를 일일이 나열한 이유가 있다. 그들의 면면을 보면 버핏을 제외하고는 모두 기업가다. 즉 최고의 부자가 되는 게 목적이라면 창업을 하고, 큰 기업으로 키워내는 게 맞지 않냐는 말이다. 〈포브스〉가 발표한 2018 한국의 부자 순위 역시 10위까지 전부 기업인이다. 버핏 역시 절반은 기업인이라고 할 수 있다. 그는 좋은 회사를 고르지만 타이밍에 맞춰서 사고팔기를 하지 않는다. 오히려 좋은 기업을 싸게 사서 계속 함께하는 스타일이다. 일반 투자자가 하는 '매매(사고팔기)'가 아니라 기업인이 하는 '인수합병'에 가까워 보인다.

내가 워런 버핏을 존경하고 그의 글을 읽는 이유는 그를 따라 해서 세계적인 부자가 되기 위해서가 아니다. 나 같은 직장인 투자자는 버핏을 따라할 수가 없다. 이 책에서 묘사한 버핏은 이렇다.

> "버핏은 하루에 10시간이나 정보 수집과 분석에 매달린다. … 버핏은 아주 이른 시기부터 투자에 엄청난 지적 노력을 기울였다. 열 살 즈음부터 도서관에서 '금융'이라는 말이

붙은 책을 모조리 읽었고, 대학 시절이나 회사에 근무하던 때에도 독서를 게을리하지 않았다.

컬럼비아 대학에 다닐 때 버핏은 그레이엄의 가르침을 참고하면서도 자신의 생각을 발전시키기 위해 대학 도서관에 틀어박혀 옛날 신문을 몇 시간이나 뒤적이며 읽었다." (본문 중에서)

버핏과 같은 수익을 얻고자 한다면 최소한 그보다는 더 노력해야 할 것이다. 하지만 어느 직장인이 이런 시간을 낼 수 있으며 그런 열정을 갖고 있는가? 일단 나는 아닌 게 확실하다.

그렇다면 우리가 버핏을 알아야 할 이유가 뭘까? 내가 버핏을 좋아하는 이유는 뭘까? 나는 버핏의 철학이 좋다. 그의 숱한 명언을 통해 사람들에게 전하고자 하는 그의 철학과 태도를 배우고 싶다.

"그의 사고방식 한가운데에는 '투자란 소비를 미루는 것이기도 하다'는 확고한 금전관이 자리 잡고 있다. (중략) 부자가 되고 싶으면 검약에 유의하고, 부자가 된다면 사치에 주의한다. (중략) 버크셔 해서웨이도 비용을 매우 낮게 책정한다. 찰리 멍거는 이 점을 준수하려고 한다. 한번 사치를 부리기 시작하면 멈출 수 없기 때문이다." (본문 중에서)

많은 투자자가 오해하는 것이 있다. 투자로 벼락부자가 되어 직장에서 조기 은퇴하고 부유하게 살아보겠다는 것이다. 10여 년간 투자를 직접 하며 많은 투자 공부를 통해 느낀 것이 있다. 버핏의 스승인 그레이엄 역시 〈현명한 투자자〉에서 이렇게 말했다.

"만족스러운 투자 실적을 얻기는 생각만큼 어렵지 않으나 우수한 실적을 얻기는 생각보다 어렵다."

그레이엄의 이 말에 100퍼센트 공감한다. 투자자들이 원하는 그런 부자가 되려면 '우수한 실적'을 수십 년간 계속 얻어야 한다. 버핏의 회사 버크셔 해서웨이의 수익률이 얼마인지 아는가? 연평균 수익률이 21%가 조금 넘는다. 다만 50년간의 평균 수익률이라는 것이 대단한 것이다. 생각보다 별로 높지 않다고 생각하는 투자자가 있을 것이다. 조지 소로스의 41년간 수익률은 26%, 피터 린치의 전설적인 마젤란펀드의 수익률은 29%(1977-1990)였다. 세계 최고의 헤지펀드 수장인 레이 달리오의 퓨어알파펀드의 수익률은 연 21%로 알려져 있다. 세계 상위 100개 헤지펀드의 수익률 평균은 16.98%였다.(2016년 기준)

자 이제 투자의 목표 수익률이 조금 낮아졌는지 모르겠다. 그레이엄이 생각하는 '만족스러운 투자 실적'은 어느 수준일까? 연수익률 20%보다는 한참 아래가 아닐까?(버핏보다는 낮아야 하지 않을까 하는 생각에서 그렇다)

'투자란 소비를 미루는 것'이기도 하다는 버핏의 생각에 동의하지 않을 수 없다. 100만 원으로 10만 원의 수익률을 얻기란 매우 어렵다. 그 분야의 전문가도 10% 수익률을 결코 우습게 생각하지 않는다. 다만 이번 주말에 10만 원을 안 쓰고 절약하는 건 가능하다. 돈을 못 써서 불행한 게 아니라 수익률을 높이고 미래에 부자가 될 확률이 높아졌다고 생각하면 오히려 행복해지지 않을까. 그래도 꼭 써야 한다면 반은 쓰고 반은 저축하는 것으로 타협하는 것도 나쁘지 않다. 부자 되는 시간이 다소 늦어지긴 하겠지만, 노후 빈곤*과 같은 일은 막을 수 있을 테니 말이다.(*한국의 노인 빈곤율은 49.6%로 OECD 회원국 중 1위다. 2위인 아이슬란드(24.1%)보다도 두 배 이상 높다. OECD 평균이 11.4%로 한국의 노인 빈곤율은 심각한 수준이다. 확률적으로 봤을 때 한국에 살고 있는 나와 당신의 노후 역시 빈곤할 가능성이 높다)

"벤저민 그레이엄은 '안전 마진'(기업의 가치보다 주가가 낮아 주식을 살 때)와 '분산투자'를 고집했다. 투자에 따라붙는 리스크를 최소한으로 억제하기 위함이었다. … 주가의 예측이 불가능하다면 안전 마진에 있을 때 주가를 사고 분산투자로 리스크를 분산시키는 원칙을 지킬 수밖에 없다. 이것이 그레이엄의 기본 사고방식이었다. (중략) 찰리 멍거는 그레이엄의 저렴한 주식을 골라 매수하는 '담배꽁초 투자'나 극단적인 분산투자 사고는 시대착오라고 여겼지만 주가보다 내재적 가치를 중시하는 사고, 안전한 영역을 고수하는 사고는 지지했다. 버핏도 마찬가지였다. 일찍부터 극단적인 분산투자를 하지 않았고, 담배꽁초 투자로 쓰라린 실패를 거친 다음에는 우수한 기업을 적당한 가격에 사는 방식으로 전환했다. 하지만 그때도 그레이엄의 기본 사고방식만큼은 지켰다. 이러한 태도는 그레이엄의 이론을 신봉하는 사

람들에게서 공통적으로 나타난다. 투자의 스타일은 다양하다."(본문 중에서)

그레이엄을 스승으로 모셨던 버핏도 나중에는 자신만의 투자 스타일을 확립해 나갔다. 그리고 그것 역시 변하고 발전하고 있다. 자산배분을 모토로 하는 내 투자 스타일 역시 버핏과는 확연히 다르다. 버핏처럼 투자할 수 없기 때문에 오히려 그레이엄의 분산에 가깝게 투자한다. 투자 스타일은 다르지만 버핏의 메시지는 여전히 중요하며 볼 때마다 새롭게 자극이 된다. 이 책은 초보 투자자에게 버핏의 성공과 실패, 그의 철학과 태도를 보여준다. 본문의 내용을 빌려 이 책의 추천사를 마무리하고자 한다.

적은 돈이라도 좋으니 투자를 하십시오. 책만 읽어서는 안 됩니다. 책을 읽는 일도 필요하지만 책만 읽어서는 성공할 수 없다.

◦ 자신부터 시작하라.
◦ 당장 시작하라.
◦ 철저하게 계속하라.

독서가 버핏은 위의 세 가지 원칙을 지킴으로써 위대한 투자가의 길을 걸었다.

추천의 글

세계 최고의 투자자, 워런 버핏

이기원

워런 버핏은 세계 최고의 투자자입니다. 버핏이 쌓아올린 막대한 부를 보면 그 누구도 부정할 수 없습니다. 하늘 높은 버핏의 명성만큼이나 버핏의 투자에 대한 책도 많습니다. 버핏 관련 책을 검색하면 미국뿐 아니라 한국, 일본, 유럽 각지에서 출판물이 쏟아집니다. 하지만 버핏의 투자 방식을 명쾌하게 풀어서 설명하는 책은 드뭅니다. 책마다 말이 조금씩 다르고 심지어 어떤 책은 버핏의 철학을 오독하고 있습니다. 그도 그럴 것이 버핏은 자신의 투자관을 명시적으로 풀어낸 책을 쓴 적이 없습니다. 수십 년 동안 쌓인 언론 인터뷰, 각종 기고문, 주주총회 발언 등을 통해 사람들이 추측할 뿐입니다. 또 버핏의 투자 철학은 긴 세월 동안 시대에 발맞추어 변해왔습니다. 그러니 사람들이 버핏의 철학을 오해하는 것도 이해는 갑니다.

버핏을 연구해온 사람들은 공통적으로 그의 투자 철학을 '경제적 해자Economic Moat'와 '안전 마진Safety Margin'으로 요약합니다. 해자는 기업이 오랫동안 높은 이익률을 유지하게 만들어주는 경쟁력입니다. 압도적으로 낮은 원가 경쟁력, 높은 가격을 전가시킬 수 있는 브랜드 가치, 규제로 보호받는 환경 등이 해자가 될 수 있습니다. 안전 마진은 기업의 가격이 이미 충분히 낮아서 더 하락할 가능성이 낮은 상황입니다. 버핏은 경제적 해자를 갖춘 좋은 기업이 충분한 안전 마진을 갖출 때까지 기다렸다가 주식을 매입하곤 합니다. 따라서 주식 가격이 충분히 하락할 때까지 기다릴 수 있는 '인내심'도 버핏식 가치투자의 중요한 덕목입니다. 이 책에서도 "훌륭한 기업을 어느 정도 싼 가격에 사는 것"이라며 해자와 안전 마진 개념을 표현합니다.

그러나 버핏이 처음부터 해자와 안전 마진을 투자에 적용한 것은 아닙니다. 초창기 버핏은 안전 마진에 집중했습니다. 이는 버핏의 스승 벤저민 그레이엄의 영향입니다. 벤저민 그레이엄은 대공황기에 우량 기업이 줄줄이 파산하는 사태를 겪고 기업이 청산해도 이익이 남을 만큼 싼 기업을 찾아다녔습니다. 이 방식은 해당 시기에 꽤나 훌륭한 성과를 안겨주었습니다. 그러나 많은 사람이 벤저민 그레이엄의 투자를 흉내내면서 그 방식만으로는 높은 수익을 올리기 힘들어졌습니다.

이후 버핏은 동업자 찰리 멍거의 조언을 받아들여 단순히 싼 주식이 아니라 지속적인 경쟁 우위를 가진 주식을 찾기 시작했습니다. 이 책에서도 "비록 시가총액이 자산 가치를 상회한다고 해도 일류 비즈니스를 적당한 가격에 사서 오랫동안 보유하면 훌륭한 수익을 거둘 수 있다"며 씨즈캔디의 사례를 언급합니다.

또한 이 책에서는 다음과 같이 버핏의 철학이 변했음을 보여줍니다.

버핏은 싼 유형 자산 가격에 집착했으나 점차 무형의 경쟁 우위에 집중하기 시작했고 경영자의 자질까지 고려했습니다.

- 유형의 자산만 보았다
- 경영 능력이나 브랜드의 힘, 경쟁력 같은 무형의 자산에도 주목했다
- 뛰어난 경영자가 있는 우수한 기업을 싼값으로 살 수 있다는 조건에 주목했다.
- 경영자의 잘못이나 격심한 환경을 견뎌내고 부활할 수 있는 힘이 강한 기업이야말로 이상적이라고 생각했다.

이처럼 버핏의 투자 사례를 알 수 있는 사료들이 각종 인터뷰와 주주서한에 흩어져 있고, 버핏의 투자 방식도 조금씩 바뀌어 왔기 때문에 초보자가 버핏의 투자 방식을 공부하기 쉽지 않습니다. 사례도 방대할 뿐 아니라 책마다 내용도 조금씩 다릅니다. 그런 의미에서 이 책 '투자는 워런 버핏처럼'은 버핏을 처음 접하는 초심자에게 좋은 길잡이가 되리라 생각합니다.

이 책은 버핏의 철학과 투자 사례를 46개 부문으로 나누어 설명합니다. 각 사례는 버핏의 생각과 경험을 축약했습니다. 해당 사

례의 원문을 모두 읽으려고 했다면 자료의 양에 질려서 포기하고 말았을 것입니다. 이 책에 자주 인용된 버핏의 자서전 〈스노볼〉만 해도 1,500페이지가 넘는 방대한 분량입니다. 워런 버핏의 주주서한도 수십 년간 수천 페이지가 쌓였습니다. 이 책을 먼저 읽고 인용된 책들과 사례를 직접 조금씩 찾아가면 어느새 버핏 전문가가 되어 있는 자신을 볼 수 있을 것입니다.

contents

들어가며 • 5
추천의 글 워런 버핏 투자의 세계 _홍춘욱 • 8
투자자라면 워런 버핏을 이해하자 _김성일 • 14
세계 최고의 투자자, 워런 버핏 _이기원 • 20

법칙1.

세상을 바라보고
판단하지 않는다

'역발상'이 부를 낳는다

현인은 생각할 때 의견을 구하고, 범인은 결정할 때 의견을 구한다 • 31
사전의 자제는 사후의 반성보다 낫다 • 36
모두가 '해야 해!'로 움직일 때 승리자는 '좋아해!'로 움직인다 • 40
비가 그쳤을 때 흙탕물을 볼 것인가,
무지개를 볼 것인가가 당신을 판가름한다 • 44
시장에 묻지 말고 자신에게 물으라 • 48
탐욕에는 백 가지 방법이 있겠지만 하나의 신뢰도 얻지 못한다 • 52
비즈니스는 양자택일이다. 선두 아니면 나머지다 • 57
규율의 종이 되는 것이 인생의 주인이 된다 • 60

법칙2.

성공하면 그 밖의 다른 것은 하지 않는다

'절제'가 부를 낳는다

부자는 손해도 보면서 돈을 벌까? 아니다. 손해를 보지 않는 방법만 생각한다 • 67
이해하면 이익으로 돌아온다 • 71
너무 빨리 손을 내밀면 금세 거둬들인다 • 76
뜻은 원대하게, 전망은 조심스럽게 • 80
줄타기에서 굴러떨어지는 일이 두렵다면 하지 않으면 된다 • 83
장미도 꽃이 시들면 가시나무와 다를 바 없지 않은가 • 87

법칙3.

웬만한 스트라이크는 그냥 흘려보낸다

'기다림'이 부를 낳는다

꿈꾸기 위해서는 악몽을 꾸지 않는 힘이 필요하다 • 95
이기기 않으면 '정규군'이 될 수 없지만,
누구나 기다리면 '정규군'이 될 수 있다 • 99
서둘러 결정하지 마라. 결정했으면 서둘러라 • 103
빨리 달리기 시작한 사람은 빨리 달리는 사람을 이긴다 • 106
욕망이 두 배가 되면 위험도 두 배가 된다 • 110

법칙4.

바보도 경영할 수 있는 회사를 선택한다

'시작'이 부를 낳는다

첫 선택이 성공의 절반을 차지한다 • 117
겁먹고 싸우지 않는 것이 용기 있게 싸우는 최선의 조건이다 • 121
배우자는 건강함으로, 회사는 견실함으로 선택한다 • 124
과거를 못 보면 미래를 잘못 읽어낸다 • 128
운은 당신 뒤를 천천히 따라오므로 서두르면 운이 당신을 따라오지 못한다 • 131
리스크를 지지 않으면 이익도 없다 • 135

법칙5.

일확천금을 노리지 않는다

'당연함'이 부를 낳는다

기회와 그림은 조금 떨어져서 봐야 잘 보인다 • 141
성공은 켜켜이 쌓인 노력의 산물이다 • 145
실천하지 않으면 1원도 얻을 수 없다 • 149
인생을 개척하려면 칼이 아니라 도끼를 쥐어야 한다 • 153
여러 일을 하고 싶은 사람은 아무것도 할 수 없는 사람이다 • 157
돈은 투자에 사용하고, 시간은 자신에게 사용하라 • 161

법칙6.

패배자가 적은 승리 방식을 취한다

'나눔'이 부를 낳는다

돈을 다 쓰는 사람은 운도 다 써버린다 • 169
나눔은 승리 방식의 하나다 • 173
범인은 자신의 몫을 늘리지만 현자는 빵의 크기 자체를 불린다 • 177
충돌을 피하려면 정직하게 말해야 한다 • 181
부자가 되고 싶으면 검약에 유의하고, 부자가 된다면 사치에 주의한다 • 185
평판은 최대의 소개장이다 • 188
돈을 버는 방식을 보면 지혜가 보이고, 돈을 쓰는 방식을 보면 인격이 보인다 • 192
아무렇게나 남길 것이 아니라 남겨야 할 사람에게 남겨라 • 196

법칙7.

남이 반할 기준을 가진다

'파트너'가 부를 낳는다

신용을 얻고 싶으면 언어를 잘 활용해야 한다 • 203
한 사람의 현자를 알면 새로운 자신과 마주할 수 있다 • 207
인생을 바꾸고 싶은가. 친구를 바꾸기만 하면 된다 • 211
마차를 말에 매다는 것도 괜찮지만 별에 매다는 것이 훨씬 좋다 • 215
만남은 올바른 결단으로 이끌어준다 • 219
의심스러우면 맡기지 마라. 일단 맡겼다면 의심하지 마라 • 223
했던 일보다 하지 않았던 일로 인생은 정해진다 • 227

버핏 연보 • 232
인용·참고문헌 • 236

Warren Buffett

법칙 1

세상을 바라보고 판단하지 않는다

'역발상'이 부를 낳는다

버핏은 수많은 우량 기업의 대주주다.

음료는 코카콜라. 의약품은 존슨앤존슨.

미디어는 워싱턴포스트. 신용평가사는 무디스.

소매 유통업은 월마트. 카드는 아메리칸 익스프레스.

그의 투자법은 장기 보유지만 물론 내다팔 때도 있다.

투자회사 버크셔 해서웨이의 CEO로서

그는 우량 종목을 어떻게 골라내고 매매 타이밍을 판단할까?

그는 결정할 때 누구와 함께할까?

그는 이렇게 말한다.

"누군가와 의논해서 결정하고 싶을 때

난 거울을 들여다봅니다."

Warren Buffett

현인은 생각할 때 의견을 구하고, 범인은 결정할 때 의견을 구한다

왜 그 회사를 매수하는지
논문 한 편 쓸 수 없다면
단 100주라도 사면 안 된다.

_워런 버핏의 오마하 성지 순례

생전 처음으로 주식을 샀을 때 두 가지, 그리고 대학 시절에 두 가지 버핏은 부자가 되기 위한 중대한 교훈을 얻었다.

최초의 교훈은 1941년 열한 살 때였다. 소소한 장사로 120달러를 모아 1주에 38달러 하는 주식 3주를 샀다. 당시 증권회사를 운영하던 아버지 하워드 버핏이 고객에게 팔았던 인기 종목이었다.

버핏은 어릴 적부터 주식에 관심이 많았다. 아버지 사무실로 놀러가기 시작하면서 주식과 채권에 관심을 가졌는데 변하는 주가를 칠판에 적을 때마다 재미있게 바라보았다. 집에서는 자기 나름대로 주가 차트를 만들어 어떤 패턴이 감춰져 있는지 골똘히 생각하기를 좋아했다.

그렇지만 우량 종목을 선택할 능력은 아직 없었다. 그저 아버지가 하는 대로 흉내를 낼 뿐이었다.

어린 버핏이 구입한 주식은 27달러까지 떨어졌다. 하지만 그는 주가가 회복하기를 기다렸다가 40달러까지 올랐을 때 팔아 6달러쯤 이익을 챙겼다.

그런데 이후 주가는 200달러까지 급등했다. 만약 가만히 있었다면 500달러에 가까운 이익을 손에 넣었을 것이다. 꽤 쏠쏠한 금액이다. 열한 살 아이에게는 눈이 휘둥그레질 만큼 큰돈이다.

그는 이때 두 가지 교훈을 얻었다.

◦ 매입 시점의 주가에 얽매이지 말 것.
◦ 서둘러 작은 이익을 얻으려고 하지 말 것.

다음 교훈은 1950년 처음으로 주주총회에 참석했을 때였다.

버핏은 아버지와 몇몇 주식을 사고파는 가운데 벤저민 그레이엄을 존경하게 되었다. 저명한 경제학자이자 투자가로서 그레이엄은 전 세계 투자가에게 영향을 미쳤다. 버핏은 그레이엄이 뉴욕에서 교편을 잡고 있는 명문 컬럼비아 대학에 진학했다.

그리고 아버지와 주식을 공동 구입했던 미네소타 주 마셜 웰스의 주주총회에 출석했다. 집으로 돌아오는 길에 버핏은 대부호이자 투자가인 루이스 그린의 점심식사에 초대받았다. 그는 그레이엄의 친구였다.

즐겁게 대화를 나누며 식사하다가 그린은 갑자기 버핏에게 이렇게 물었다.

"마셜 웰스의 주식을 왜 샀니?"

"그레이엄이 샀으니까요."

아직 대학생이었던 그는 자신도 모르게 이런 대답이 튀어나왔다. 그러자 그린은 "원 스트라이크!" 하고 외쳤다.

"남이 샀으니까 너도 샀단 말이냐? 잘 들어봐. 투자는 자기 머리로 생각해야 하는 거야. 아직 아웃을 당하지는 않았지만 스트라이크 하나를 먹은 셈이야." 그의 한마디는 바로 다음의 강렬한 가르침을 의미했다. 다시 말해 이때 버핏은 두 가지 교훈을 얻었다.

◦ 스스로 생각할 것.
◦ 납득이 갈 때까지 조사할 것.

당시 사람들은 그레이엄이 사는 주식에 주목했다. 그가 가르치는 뉴욕 증권거래소의 투자 교실은 언제나 사람들도 가득찼다. 그곳에서 그가 산 주식을 언급함과 동시에 골드만삭스의 직원은 회사로 달려가 그 주식을 매입할 정도였다. 따라서 대학생이었던 버핏이 '그레이엄이 선택한 우량 종목'을 사는 것은 아주 평범한 행동이었던 셈이다. 비난받을 일은 아니었다.

그러나 그린은 그런 '평범함'에 단호하게 'NO'라는 카드를 내밀었다.

그레이엄에게 배우는 것은 좋다. 하지만 투자는 다른 얘기다. 그의 흉내를 내는 것은 비난받을 일이다. 다시 말해 그것은 스스로 생각하기를 포기하고 '값이 오르니까 사는' 사람, '증권사의 추천에 따라 사는' 사람의 행동과 다를 바 없기 때문이다.

"스스로 생각하지 않으면 투자에서 성공하기 힘들다."

1951년 버핏은 그의 투자 인생에 여러모로 어두운 그늘을 가져다준 통신판매 전문의 보험회사 가이코GEICO에 주목한다.

처음에는 그레이엄이 회장을 맡고 있는 회사라는 점 때문에 관심을 가졌지만 그것만으로 투자까지 할 수는 없었다. 그는 워싱턴에 있는 가이코 회사를 방문해 자신이 컬럼비아 대학 학생이며 그레이엄의 제자라고 밝히고 사업 내용을 하나하나 질문했다.

상대는 나중에 CEO가 되는 재무 담당 부사장 로리머 데이비슨Lorimer Davidson이었다. 4시간 동안 그와 대화를 나눈 버핏은 성공을 확신하고 자산의 65퍼센트를 처분해 가이코의 주식 350주를 샀다.

이제 스물한 살이었던 그에게는 극단적인 집중투자였다.

그의 판단은 스승인 그레이엄의 분산투자와는 거리가 멀었다. 웬만한 전문가라면 버핏의 판단 능력을 의심했을 것이다. 그러나 자기 힘으로 생각한 결과에 따라 그는 절대적인 확신을 품었다.

이제 그는 세계 최대의 투자 지주회사 버크셔 해서웨이Berkshire Hathaway의 CEO 겸 회장으로서 세계의 주목을 받는다. 버크셔의 현금 준비금은 2011년 6월 말 478억 달러이다.

자사의 주주총회를 찾아오는 젊은 투자가에게 버핏은 '왜 그 종목인가? 왜 그 값에 샀는가?' 하고 스스로에게 물어보라고 조언한다.

'가격이 올라가니까', '인기 종목이니까', '권위자가 추천하니까' 하고 대답할 것 같으면 사지 말아야 한다. 아무리 기회로 보이더라도 그냥 흘려보내야 한다. 그것이 부를 쌓는 출발점이다.

사전의 자제는
사후의 반성보다 낫다

사람의 행동을 좌우하는 결정적 요인은
자신만의 스코어 카드가 있는가,
외부의 스코어 카드를 가지고 있는가에 달려 있다.

_**스노볼**

하원의원을 지냈던 아버지 하워드 버핏은 스스로 생각하고 결정하라는 워런 버핏의 방식을 뛰어넘는 과감함을 지니고 있었다. 마치 한 마리 늑대와 같았다.

하워드는 대학을 졸업하고 얼마간 은행에서 주식 중개인으로 일했다. 그런데 1929년 뉴욕의 금융가인 월가에는 '암흑의 목요일'과 함께 주가가 대폭락하는 공황과 더불어 불황이 닥쳐왔다. 일하던 은행은 도산했다. 그는 직장과 예금을 동시에 잃어버렸다. 도리스(워런 버핏의 누나)와 워런 두 아이의 아버지였던 그는 비즈니스

파트너인 칼 포크 등과 함께 1931년 버핏 포크[Buffett-Falk & Co]라는 증권회사를 설립했다.

아무도 관심을 두지 않는 불황 속에서 회사를 창립한다는 것은 큰 결단이었다. 그러나 주위의 우려와 달리 버핏 포크사는 회사채와 지방채 같은 안전한 증권을 사들여 매출을 올림으로써 성공을 거두었다. 마침내 버핏의 집안은 중류층으로 올라설 수 있었다.

1942년 네브래스카 주의 공화당원이었던 하워드가 하원의원 선거에 출마했을 때 변화의 계기가 찾아왔다. 민주당의 상대 후보는 이미 4선을 지낸 현직 의원이었던 반면, 하워드는 당선 가망이 거의 없는 후보였다. 더구나 그는 사람들 앞에 나서서 말하는 데에는 영 젬병이었다. 또한 그는 당시 평판이 나쁜 전형적인 보수 사상의 소유자였다. 모두가 낙선을 확신했기에 패배 선언까지 준비한 상황이었는데 어찌된 영문인지 그는 하원의원으로 당선되었다.

신참 하원의원이 되어서도 하워드는 한 마리 늑대이기를 그만두지 않았다. 의원들의 친목 모임에도 기웃거리지 않았고, 자금이나 표를 모으기 위한 집회에도 얼굴을 내밀지 않았다. 하원에서 어떤 법안을 3대 412라는 압도적인 표 차로 부결시킨 일이 있다면 대개 그는 3표 쪽에 속했다.

그런데 그런 일에 그가 낙담하거나 기죽지 않았다는 점이 중요하다. 그는 언제나 태연자약했고 별일 없다는 듯 활기차게 행동하며 최선을 다했다. 비록 표결에 패해도, 공화당과 관계가 나빠져도 기본적인 사고방식은 동요하는 법이 없었다.

버핏은 아버지가 한 마리 늑대처럼 궁지에 몰려 무시당하고 공격당할 때마다 화가 치밀었다. 그러나 점점 아버지의 태도를 통해 인생의 가르침을 얻기에 이르렀다.

"아버지는 남의 생각에 개의치 않았을 뿐이다. 인생을 어떻게 살아야 할지 난 모든 것을 아버지에게서 배웠다."

그렇다고 버핏은 아버지의 모든 점이 좋다고 말하지 않았다. 의원을 사직하고 자신의 증권회사로 돌아온 하워드는 고객을 확보하느라 고생했다. 버핏은 아버지가 자신의 신념을 지키려고 인간 관계를 희생시켰기 때문에 고객 확보가 어려웠다는 점을 냉정하게 비판적으로 바라보았다.

하지만 아버지가 외부 요인에 쉽게 휘둘리지 않는 평정심과 언제나 '난 이런 사람이다'를 고집하는 강인함을 가진 사람이라는 점은 인정했다. 버핏은 늘 자신의 인생에 아버지의 장점을 반영하려고 했다.

언젠가 버핏의 삶과 투자법이 의문에 부쳐진 적이 있었다. 1990년대 후반에 시작된 인터넷 버블 시기였다. 많은 사람이 IT 기업이나 인터넷 기업 주식으로 큰돈을 벌어들이고 있었지만, 버핏은 그런 것에 일체 관심을 보이지 않았던 것이다.

월가나 경제 평론가는 그의 태도에 '구태', '시대착오'라는 수식어를 붙였다. 버크셔 해서웨이의 주가와 경영 성적도 그리 여의치 않았다.

하지만 어떤 혹평이 쏟아져도 버핏은 자신의 방식을 바꾸지 않았다. 2000년 3월 버크셔 해서웨이의 연차보고서에서 버핏은 자신에게 'D'라는 성적을 매겼다. 그럼에도 하이테크 주식에 투자하지 않은 것을 잘못이었다고 쓰지는 않았다.

버블이 일어난 주가는 1999년부터 2000년 사이에 정점을 찍으면서 유례없이 뛰어올랐다.

그러나 2001년 버블이 꺼지면서 나스닥은 31퍼센트나 하락했다. 많은 사람이 해고당하고 수조 달러의 가치가 한순간에 사라졌다.

그런 와중에 아마존의 CEO인 제프 베조스는 버핏의 말을 듣는 편이 현명하다고 언제나 높이 평가했다. 아마도 그것은 버블 소동을 씁쓰름하게 바라보던 사람들을 대표하는 목소리였을 것이다.

버핏은 자신이 시스티나 성당의 천장에 그림을 그리는 화가 같다고 이야기한다.

'훌륭한 그림이군요' 하고 말하는 사람은 상냥하게 대해주지만, '파란색은 별로군요. 빨간색을 칠해야 해요' 하고 지적하는 사람은 쫓아낸다. 왜냐하면 그가 그리는 그림은 자기 그림이기 때문이다. 남들이 뭐라고 하든 어떤 가격을 매기든 상관없다. 평가를 내리는 사람은 오직 자신이다.

이런 태도를 단순히 '똥고집'이 아닌 투자법으로 승화시킨 인물이 버핏이다.

모두가 '해야 해!'로 움직일 때 승리자는 '좋아해!'로 움직인다

좋아하는 일을 하고
가장 존경하는 사람이 있는 곳에서 일하십시오.
그렇게 하면 인생의 최고 기회를 잡을 수 있습니다.

_스노볼

버핏 곁에는 참모가 있다. 버크셔 해서웨이 부회장이자 변호사였던 찰리 멍거Charlie Munger이다. 멍거는 버핏과 마찬가지로 미국 네브래스카 주 오마하Omaha 출신이다. 버핏보다 다섯 살이 많다.

멍거는 스스로를 과신하는 태도를 가리켜 '구두 단추 콤플렉스'라는 절묘한 비유로 표현한다. 어떤 사람이 구두 단추 시장을 석권하자 마치 자기가 모든 문제를 다 안다는 듯 떠벌렸다는 얘기다.

말할 나위도 없이 구두 단추 시장은 구두나 자동차, 의류 등에 비하면 보잘것없다. 그런 시장을 제패했다고 제왕이 된 듯 착각하는 모습을 옆에서 보면 가소롭기 짝이 없다. 그런데도 본인만 그 점을 깨닫지 못한다.

버핏은 사람들 앞에 나서서 이야기하는 걸 좋아하지만 구두 단추 콤플렉스에 빠지지 않도록 늘 조심했다. '권위적인 태도로 남을 업신여긴다'거나 '아는 척하면서 호도한다'는 식으로 보여서는 안 된다. 그런 태도는 우스꽝스러울 뿐 아니라 신뢰의 상실로 이어진다.

작은 시장을 평정한 사람만 구두 단추 콤플렉스에 빠지는 것은 아니다. 대기업 사원이 회사의 힘을 자신의 힘이라고 착각하는 경우도 마찬가지다. 따라서 무턱대고 대기업에 들어가라고 권하기도 어렵다.

버핏은 대학의 초청을 받아 학생들에게 인생과 일에 관해 이야기를 들려줄 때 '어떤 곳에서 일하면 좋을까요?'라는 질문을 받으면 언제나 두 가지 조건을 말했다.

◦ 자기가 좋아하는 일을 선택할 것.
◦ 자기가 가장 존경하는 인물이 일하는 곳을 선택할 것.

컬럼비아 대학에서 대학원을 다닐 때 버핏의 동급생들은 대기업에 취직하려고 했다. 출세의 계단을 가파르게 올라가는 일이야말로 성공의 가도라고 생각한 것이다. 개중에도 US 스틸은 최고의 기업이었다.

그러나 버핏은 그런 생각에 동조하지 않았다. 왜냐하면 동급생이라고 모두 US 스틸의 일을 좋아한다고 생각하지 않았기 때문이다. 그들은 단지 호화로운 특급열차에 올라타고 싶을 뿐이다. 그가 보기에 그런 동급생은 돈만 보고 결혼하는 사람과 다를 바 없었다.

"자신이 좋아하는 일을 정말 잘하는 것이 중요합니다.
돈은 그에 따른 부산물에 지나지 않습니다."

버핏은 US 스틸이 아니라 존경하는 벤저민 그레이엄의 회사인 그레이엄 뉴먼에서 일하고 싶었다. 이 회사가 자신을 고용한다면 반드시 혁혁한 활약을 펼칠 수 있다고 자신했다.

그러나 그의 바람은 이루어지지 않았다. 그레이엄은 거대 투자은행이 거부한 유대인만 채용했기 때문이다. 그는 '월급은 주지 않아도 된다'며 끈질기게 일할 기회를 달라고 요청했지만 늘 'NO'라는 대답만 돌아왔다.

어쩔 수 없이 버핏은 존경하는 또 다른 인물인 아버지 회사에서 일하고자 월가의 뉴욕을 떠나 고향 오마하로 돌아왔다. 그때 대학을 막 졸업한 이 젊은이는 이미 2만 달러나 되는 자금을 손에 쥐고 있었다.

오마하에 돌아온 뒤에도 그는 그레이엄 뉴먼 회사에서 일하고자 하는 희망을 버리지 않았다. 그레이엄과 줄곧 연락을 취했고, 자신의 아이디어를 보내기도 했다. 버핏은 그레이엄과 만나기 위해 일부러 시간을 내어 뉴욕까지 가서 회사를 드나들며 끈질긴 노력을 아끼지 않았다.

이윽고 그레이엄은 버핏을 위해 회사의 채용 규칙을 변경하면서까지 특례 입사를 허용했다. 그레이엄 뉴먼 회사에 취직한 버핏은 많은 결실을 얻었다. 그러나 그의 회사 생활에도 마지막 날이 찾아왔다.

그레이엄이 은퇴했기 때문이다.

그레이엄은 버핏에게 무한책임 사원general partner(회사 채무에 대하여 개인 재산까지 동원하여 책임을 지는 사원)으로 남지 않겠느냐고 제안했다. 하지만 그레이엄이 없는 그레이엄 뉴만 회사, 그레이엄이 없는 뉴욕에 더는 볼일이 없었다. 버핏은 바로 뉴욕을 떠났다.

버핏은 아버지의 회사로 돌아가지 않았다. 오마하에서 홀로 파트너십partnership을 세운다는 이례적인 선택을 했다. 파트너십이란 공동 출자로 운용하는 사업체의 조합 같은 것이다. 당시 대학을 나온 사람이 집에서 혼자 업무를 보는 일은 드물었다. 사람들은 그를 신기하게 바라보았다. 하지만 버핏에게는 그것이 자기가 좋아하는 일을 계속하는 최선의 방법이었다.

비가 그쳤을 때 흙탕물을 볼 것인가, 무지개를 볼 것인가가 당신을 판가름한다

남이 한다는 이유로 주식 투자에 관심을 기울이는 것이 아니라
남이 하지 않을 때 관심을 갖는 것이 가장 좋습니다.

_워렌 버펫의 투자 격언

버핏의 스승 벤저민 그레이엄은 그의 베스트셀러 저서 〈현명한 투자자The Intelligent Investor〉에서 주위와 반대되는 행동의 중요성을 강조한다.

진정한 투자가는 주가가 올라가면 보유 주식의 일부를 매각해 자금을 마련해 주식이나 채권을 구입하고, 주가가 내려가면 그 반대로 한다. 일반인은 주가가 올라가면 매입에 뛰어들고, 주가가 내려가면 서둘러 팔려고 한다. 투자가는 일반인과 반대로 매매하는 데 만족감을 느껴야 한다.

버핏도 바람개비를 쳐다보기만 해서는 많은 돈을 벌 수 없다고 지적한다. 구체적으로 말하면 이미 인기가 치솟은 우량 종목은 사더라도 높은 투자 이율을 얻을 수 없다. 오히려 어떤 이유로 주위에서 일제히 팔려고 내놓기 시작하는 바로 그 시점에 주식을 사들이는 것이 바람직하다.

'상식'이라고 할 수 있을 것이다. 예전에 '사람이 가지 않는 뒷골목으로 가야 진짜 꽃구경을 할 수 있다'는 말도 있었다.

그렇지만 지식과 실천은 다르다. 버핏이 비범한 까닭은 단순한 지식이 아니라 실천을 보여주었기 때문이다.

1961년 미국 경제는 호황을 누렸다. 주식 지표인 다우 평균 상승률은 22퍼센트에나 달했는데, 버핏은 46퍼센트라는 놀라운 운용 실적을 거두었다.

이런 기세에 올라타서 버핏은 행동을 취했다. 1962년 1월 버핏은 11개였던 파트너십을 모조리 해산하고 버핏 파트너십 하나로 통합했다. 나아가 이 회사에 추가 출자를 통해 버핏 파트너십의 자금을 720만 달러까지 급격히 늘렸다. 이는 그레이엄 뉴먼 회사를 능가하는 수준이었다.

같은 해 3월 주가는 급락했다. 6월 말까지 계속 내려가더니 과거 몇 년 동안 가장 낮은 수준으로 떨어졌다.

'사자'는 태도가 지배적이었던 월가는 갑자기 입을 모아 '팔자'는 합창을 불렀다. 이때 버핏은 풍부한 자금력으로 수개월 전까지 가격이 비쌌던 주식을 마음대로 골라 싸게 사들였다.

'올랐을 때 팔고 내렸을 때 사라'는 것은 누구나 아는 상식이다.

그러나 똑 부러지게 이것을 실천할 수 있는 사람은 그리 많지 않다.

"남들이 탐욕스럽게 덤빌 때는 조심스럽게,
주위 사람이 머뭇거릴 때는 과감하게."

주가가 하락한 1962년 탐욕스러웠던 버핏도 주가가 상승한 1960년대 후반에는 훌륭한 실적을 거두었음에도 은퇴를 결심했다.

1960년대 후반 미국은 '고고gogo 시대'로 불리는 주가 급상승 시기였다. 버핏이 주식 거래를 시작한 1950년대에는 뉴욕 증권거래소의 거래 총액이 하루 200만 주였다. 하지만 1967년에는 1,000만 주를 돌파했다.

이는 미국 기업의 실적이 급속하게 신장했기 때문이 아니다. 누구나 '탐욕', '도취'라는 전염병에 걸렸을 따름이다. 급등하기만 하는 주식시장 앞에서는 두 가지 길밖에 없다. 탐욕에 올라탄 채 질주할 것인가? 아니면 남의 뒤꽁무니를 따라갈 것인가? 버핏이 전자를 택할 리 없었다. 그가 보기에 거품은 이해할 수 없는 게임에 지나지 않았다. 그런 게임에 실패해 이제껏 쌓아올린 성과를 무너뜨리는 것은 어리석어 보였다.

그는 주가의 상승이 정점을 찍으려고 할 때 버크셔 해서웨이와 또 다른 인기 종목만 남기고 뒤로 물러났다.

이후 금세 복귀한 그는 많은 사람이 투자 의욕을 상실한 1962년에 '사들이기'에 돌입했다.

나아가 1974년 다우 평균이 급락했을 때에도 그는 지금이야말로 투자를 통해 돈을 벌어들일 기회라고 기함을 토했다.

미래는 예언할 수도 없고, 또 그럴 필요도 없다.

버핏의 판단 기준은 단 두 가지였다.

- 주가가 그 기업의 가치보다 싼가?
- 그 기업에 뛰어난 경영자가 있는가?

자신의 투자 판단이 틀리지 않다는 것을 확신할 수 있다면, 증권시장의 변덕이라고 할 주가의 급등이나 급락 따위는 무시해도 상관없다. 자금과 용기만 있다면 상황을 역이용하여 값싼 주식을 사들이면 된다. 또한 주식이 비싸다고 느끼면 주위 사람이 아무리 거품의 떡고물을 받아먹으려고 혈안이 되어 덤벼도 무시하면 그만이다.

시장에 묻지 말고 자신에게 물으라

정당한 이유 없는 시장 가격의 하락에 깜짝 놀라 도망가거나
과도하게 불안해하는 투자가는 강점을 약점으로 돌리고 만다.

_현명한 투자자

주식시장은 잘못된 방향으로 심하게 요동치는 일이 종종 있다. 그때 어떻게 행동하느냐에 따라 얻을 수 있는 부의 크기가 달라진다.

1938년 식료품 체인스토어 A&P의 주식이 10년 전 494달러에서 무려 36달러로 하락했다. A&P는 계속해서 뛰어난 실적을 올렸고, 거금의 현금과 운용 자금도 보유하고 있었다.

그런데도 왜 이렇게까지 주가가 내려갔을까? 이유는 세 가지였다.

- 체인스토어에 특별세를 부과한다는 소문.
- 전년도에 순이익이 감소했다는 사실.
- 주식시장의 혼란.

소문은 근거가 없었고, 순이익이 감소했다는 사실은 일시적인 요인에 불과했고, 주식시장의 혼란은 증권시장의 변덕이었다.

이 정도만으로도 당시 미국에서 제일 규모를 자랑하는 A&P의 주가가 청산 가치를 밑도는 수준까지 떨어졌던 것이다.

이런 예는 셀 수 없이 많다. 주가의 등락에 허둥지둥하거나 불안에 쫓겨 급하게 매매하려고 하지 않는 편이 좋다.

실제로 A&P의 주가는 1939년에 117달러까지 회복했다.

주식시장의 변덕을 알고 있으면 리스크를 겁낼 필요는 없다. 사람이 리스크에 겁을 먹는 이유는 무슨 일이 일어날지 모르기 때문이다.

이것을 실천한 사람이 버핏이다.

1973년에 버핏은 1877년 창업한 유수한 신문사인 〈워싱턴포스트〉의 주식을 5만 주 매수했다.

그는 계속 사들였다. 그 결과 1주당 39달러라는 높은 가격에서 16달러로 급락한 시기에 〈워싱턴포스트〉의 전체 주식 가운데 5퍼센트 이상을 보유하기에 이른다.

단순히 보면 싼 주식을 사들인 것이다. 하지만 주가의 급락에는 앞에 언급한 것과 같은 나름의 이유가 있었다. 그것은 당시 〈워싱턴포스트〉가 워터게이트 사건이라는 거대한 풍파 속에 휘말려 있었다는 점이다.

"리스크란 자기가 무슨 일을 하는지 잘 모를 때 일어납니다."

워터게이트 사건을 보도한 〈워싱턴포스트〉는 세계에 이름을 떨친 반면 당시 정권에는 눈엣가시처럼 보였다. 정권은 이 신문사가 소유한 텔레비전 방송국의 면허 갱신에 이의를 제기하는 등 온갖 공격을 일삼았다.

따라서 주가는 급락했고 리스크를 두려워한 사람들은 〈워싱턴포스트〉의 주식을 매입하지 않았다.

그러나 버핏은 뜻을 굽히지 않았다. 그의 판단 기준에 따르면 이 주식은 모든 재산을 퍼부어도 좋을 만큼 안전했다.

- 주가가 그 기업의 가치보다 낮은가? -그는 〈워싱턴포스트〉의 순자산을 4억 달러로 계산했다. 이에 비해 주식의 시가총액은 불과 800만 달러였다. 지나치게 부당할 정도로 가격이 낮았다.
- 그 기업에 뛰어난 경영자가 있는가? -버핏은 〈워싱턴포스트〉의 경영진을 유능할 뿐 아니라 정직하다고 평가했다. 경영자가 자사 주식을 상당량 보유하고 있다는 점도 안전한 요인이었다.

앞으로 얼마나 주가가 내려가든, 월가가 위기설을 퍼뜨리든 말든 상황을 역이용해서 값싸게 주식을 매입하기만 하면 되었다.

예상한 대로 〈워싱턴포스트〉의 평가는 드디어 올라갔다.

1974년 버핏은 정식으로 〈워싱턴포스트〉의 대표이사로 취임했다.

당시 조금 알려진 오마하의 투자가에 지나지 않았던 버핏은 세계적인 미디어 기업의 최대 주주로 등극했고 대표이사가 되어 어마어마한 명성을 얻었다.

그의 사회적 명성은 돈으로 살 수 없는 가치인 동시에 부의 획득과 결코 무관하지 않았다.

탐욕에는 백 가지 방법이 있겠지만 하나의 신뢰도 얻지 못한다

늘 기존의 사례가 아니라 도리를 중시했다.

_스노볼

1975년 버핏은 다시 가이코GEICO의 주식에 주목했다.

1951년에 샀다가 막대한 이익을 낸 다음 매도한 주식에도 그는 끈기 있게 매달렸다. 매도 이후에도 늘 동향을 주시했던 것이다.

당시 가이코의 주가는 61달러로 비싼 편이었다. 정산해본 결과 충당금이 많이 부족하다는 것이 확실했다. CEO 노먼 기든Norman Gidden에게 가이코가 위기 상황에 처해 있다고 충고했지만 그는 귀담아들으려 하지 않았다.

1976년 가이코는 보험 사업에서 1억 9,000만 달러의 적자가

났다고 발표하고 배당도 중지했다. 주가는 61달러에서 2달러로 폭락했다. CEO도 잭 번Jack Byrne으로 바뀌었다. 버핏의 충고대로 위기에 빠진 것이다.

그는 이때가 바로 주식을 살 기회라고 보았다. 가이코는 문제만 해결하면 부활할 수 있다고 믿었기 때문이다. '매입'에 나서야 한다.

다만 문제를 해결하지 못해 도산한 나머지 주가가 휴지 조각이 되는 리스크를 피하기 위해 경영자의 자질을 제대로 판단하는 일이 필수적이었다. 버핏은 새 CEO인 잭 번과 면담했다. 그가 시원스레 사태를 진정시킬 수 있는 유능한 전문가인지, 무능한 경영자인지 판단하고자 했다.

결과는 합격이었다. 잭 번은 보험을 잘 알았고 영업 능력도 뛰어난 유능한 리더였다.

버핏은 가이코의 주식을 400만 달러어치 샀다.

아울러 리스크를 회피하는 실제적인 방법을 강구했다. 나중에 위기 극복에 나서는 투자회사 살로몬 브러더스Salomon Brothers의 CEO 존 굿프렌드John Gutfreund와 만나 공모 증자(公募增資)를 실현시켰던 것이다. 이는 엄청난 일이었다.

잭 번과도 긴밀하게 연락을 취했다. 그는 누구보다도 적극적으로 나서서 사원의 사기를 북돋우는 한편, 냉철하게 대처할 때는 조금도 머뭇거리지 않았다. 기존의 경영진을 퇴진시킨 것은 말할 것도 없고 사원을 2,000명이나 해고했다. 고객 3만 명과 계약을 중단하고 채산이 맞지 않는 지역에서는 사업을 철수했다.

버핏은 합리적인 사업 방침 아래 하나의 목표에 집중하는 동시에 '늘 기존의 사례가 아니라 도리를 중시하는' 잭 번의 경영을 높이 평가했다.

이리하여 가이코는 부활에 성공했다.

가이코는 한때 숫자만 추구하면서 '도리'를 저버렸다가 위기에 빠졌다. 가이코의 부활은 '도리'를 되찾은 결과였다.

"작년에 얼마나 돈을 벌어들였는가를 척도로 인생을 살아간다면 언젠가는 골치 아픈 문제에 휘말릴 것이다."

한때는 '월가의 제왕'이라고 불리던 살로몬 브라더스가 도산의 위기에 직면한 것도 보수 때문에 도리를 내팽개친 결과였다.

폴 모저Paul Mozer라는 사원의 부정행위를 계기로 스캔들이 밝혀지면서 살로몬 브라더스는 더 버틸 수 없었다. 자정의 능력도 사회의 신용도 다 잃어버린 살로몬 브라더스는 대주주인 버핏의 명성에 매달릴 수밖에 없었다.

임시 회장을 맡은 버핏은 선두에서 화살을 막아내는 역할을 맡는 동시에 월가의 논리와는 다른 길을 전면에 내세움으로써 위기에 맞섰다. 그 결과 그는 훌륭하게 회사를 구해냈다.

그는 돈으로 사람의 가치를 판단하는 월가의 분위기를 싫어한다. 사람의 욕망은 끝이 없기 때문이다. 200만 달러의 보수를 받으면 대다수 사람은 만족하겠지만, 옆 사람이 210만 달러를 받는다는 사실을 아는 순간 불만을 품는다.

부정을 저지른 폴 모저가 그랬다. 500만 달러라는 거액의 보수를 받고 있었지만, 예전의 동료가 더 많이 받는다는 사실을 알고는 분기탱천하여 부정한 행위를 하고 말았다.

금융업계에서는 탐욕스러운 월가의 가치관이 상식일 것이다. 버핏은 여기에 단호히 'NO'라고 말한다.

버핏은 부정 사건의 규명을 위해 은폐하거나 보신을 꾀하지 않고 성실하게 임했다.

이제까지 사건을 일으킨 기업은 대개 검찰이나 당국에 협조하는 태도를 취하지 않았다. 그렇지만 살로몬 브라더스는 아무것도 감추지 않겠다고 선언했다. 부정의 주체는 명백하게 살로몬 브라더스였으니 비난을 피할 필요가 없었다. 정직하게 모든 것을 밝히고 '새로운 살로몬 브라더스는 예전과 다르다'고 증명하는 일이 필요할 뿐이었다.

당연한 도리였다. 그러나 월가라는 세상에서는 이런 도리가 통하지 않는 일이 자주 있었다.

버핏은 범죄를 저지른 사람을 회사에서 내보냈다. 그리고 사원들에게 새로운 규범을 제시했다.

"사원이 회사의 행동 지침을 따라야 하는 것이지 그 반대는 아니다."

월가와 달리 도리를 내세우자 그만두는 사원도 나왔다. 그러나 1992년 무렵에는 고객도 돌아오고 신용 평가도 다시 올라갔다.

주가가 33달러까지 회복했을 즈음 버핏은 회장 자리에서 물러나 고향인 오마하로 돌아갔다.

도리를 바로 세워 살로몬 브라더스를 위기에서 구해낸 그에게는 영웅, 그것도 성실하고 고결한 영웅이라는 명예가 돌아왔다.

명예는 돈으로 살 수 없는 가치인 동시에 부의 획득과 떼려야 뗄 수 없는 가치라는 점은 굳이 말할 나위도 없다.

살로몬 브라더스의 임시 CEO 자리를 수락한 일은 버핏이 그때까지 쌓아올린 명성을 잃어버리느냐 유지하느냐 하는 싸움이기도 했다. 그는 그 싸움에서 보란 듯이 승리했다.

비즈니스는 양자택일이다.
선두 아니면 나머지다

2인자는 있을 곳이 없다.
2등 상이 받을 빨간 리본은 없다.

_스노볼

버핏은 학생 시절 경험을 통해 2인자의 위태로움을 배웠다.

그는 학교에서 열린 휴전 기념일에 코넷을 연주할 예정이었다. 제2주자인 그는 제1주자와 번갈아 코넷을 불어야 했다. 아주 중요하고도 화려한 무대였다.

그런데 제1주자가 갑작스레 음을 틀렸다. 그는 인생이 주마등처럼 머리를 스쳐갈 만큼 놀라고 혼란스러웠다. 제1주자가 낸 틀린 음을 따라 불어야 할까, 아니면 자기라도 맞는 음을 불어야 할까.

어느 쪽을 선택했는지 기억하지 못하지만 그는 남의 뒤를 따라가는 일이 위태롭다는 것을 실감했다. 뒤를 좇아가는 일은 선두에서는 것보다 쉽지만 앞사람이 잘못을 저지르면 모든 것이 엉망이 된다. 더구나 따라가는 사람은 앞사람을 지배할 수 없다. 따라가는 사람이 편하다는 것 말고는 얻는 것이 하나도 없다.

그렇다면 압박감이 만만치 않더라도 이익과 영예를 얻을 수 있는 당당한 1인자가 되는 편이 낫다.

버핏은 1977년 마흔일곱의 나이에도 이런 일을 재차 체험했다.

그해 그는 〈버펄로 이브닝 뉴스Buffalo Evening News〉라는 지방 신문을 3,500만 달러에 사들였다. 이 신문은 일요판을 내지 않는다는 단점이 있었고 이익도 170만 달러로 적었다. 하지만 지역에서는 압도적인 세를 자랑했다. 여기에 투자하면 재정 기반이 취약한 이류 신문인 〈쿠리어 익스프레스Courier Express〉를 쫓아내고 이익을 늘릴 수 있다고 생각했다.

그는 먼저 편집장에게 일요판의 발행을 지시했다. 편집장은 5주간에 걸쳐 일요판을 무료로 배포했고 할인 가격으로 판매하는 전략을 취했다.

이로써 〈버펄로 이브닝 뉴스〉는 이익을 올릴 수 있었고 〈쿠리어 익스프레스〉의 존재 기반이 위태로워졌다. 〈쿠리어 익스프레스〉는 반트러스트법에 위배된다는 이유로 〈버펄로 이브닝 뉴스〉를 고소했다.

재판에서는 '만약 규제만 받지 않는다면 유료 통행 교량도 괜찮은 사업'이라는 버핏의 말도 거론되었다. 이 말은 '아무런 규제도 받지 않는 상태에서 그곳을 통과해야 건너편으로 갈 수 있는 다리를 소유한다면 마음대로 통행료를 올릴 수 있다'는 뉘앙스를 풍겼다. 이 말 때문에 버핏의 이미지는 나빠졌다.

그가 시장을 독점하려는 의도가 있다고 본 판사는 일요판의 발행을 용인하면서도 판매 활동 등을 제한했다. 이로써 〈버펄로 이브닝 뉴스〉는 큰 적자를 냈고 대규모 파업을 경험하는 등 적지 않은 문제에 부딪쳤다.

결국 〈버펄로 이브닝 뉴스〉의 재건과 〈쿠리어 익스프레스〉의 도산으로 이 싸움은 종지부를 찍었다.

이후 〈버펄로 이브닝 뉴스〉의 부수는 대폭 늘어났고 광고 수입도 증가해 1,900만 달러의 이익을 냈다.

버핏은 이때의 경험을 통해 2인자에게는 이익도 없을 뿐 아니라 존재할 곳도 없다는 확신을 굳혔다.

누군가의 뒤를 좇아가야 하는 분야에서는 승부를 걸어도 미래가 없다. 싸움을 하려면 자기가 가장 자신 있고 1등을 할 수 있는 분야에서 해야 한다.

1인자는 스스로 자기의 길을 결정할 수 있다. 2인자는 편하게 따라가는 대신 스스로 결정하는 권리를 잃는다는 비싼 대가를 치러야 한다.

규율의 종이 되는 것이 인생의 주인이 된다

사소한 일에 규율을 어긴다면
중요한 일에서도 규율을 어길 것이다.

_워런 버핏의 오마하 성지 순례

버핏이 성공한 이유 중 하나로 규율을 꼽을 수 있다.

- 규율은 스스로 정한다.
- 정한 규율은 지킨다.

예를 들어 친구와 사흘 동안 골프를 칠 때 '10달러를 걸면 한 번이라도 홀인원을 해냈을 때 2만 달러를 주겠다'는 내기를 제안해도 단호하게 거절한다. 함께 골프를 치는 친구들이 단 10달러로 내기를 즐길 수 있다고 다들 동의하더라도 말이다.

버핏은 투자에서뿐 아니라 삶의 방식에서도 자신의 규율을 정해놓고 철저하게 지켰다.

이런 자세는 그가 공부한 펜실베이니아 대학 와튼스쿨의 설립자인 벤저민 프랭클린의 삶과 통한다.

프랭클린은 정치, 외교, 저술, 물리학, 기상학 등 다채로운 분야에서 성공을 거두었을 뿐 아니라 고결한 인격을 갖춘 까닭에 '미국의 아버지'라고 일컬어진다.

그는 자신이 습관이나 성격 때문에 저지르는 잘못을 주의 깊게 극복하고 늘 올바르게 살아가고자 했다. 그는 자신에게 필요한 13가지 덕목을 정하고 하나하나 습관으로 익힐 것을 결심했다.

13가지 덕목이란 절제, 침묵, 규율, 결단, 절약, 근면, 성실, 정의, 중용, 청결, 평정, 순결, 겸허였다.

이것을 한꺼번에 전부 습관으로 익히기는 어렵다. 그래서 어느 기간 동안 하나의 덕목에만 집중했다가 그것이 습관으로 정착했다는 실감이 들면 비로소 다음 덕목으로 옮겨가는 방법을 택했다.

프랭클린은 일주일마다 절대로 지켜야 할 덕목을 정했다. 또 그것을 위반하는 행위는 아무리 사소하더라도 하지 않겠다고 맹세했다. 이렇게 하면 모든 덕목을 익히는 데 13주가 걸린다. 1년이면 이 과정을 네 번 실행할 수 있다.

프랭클린은 그의 책 〈벤저민 프랭클린 자서전〉을 통해 이렇게 기술했다.

"79세가 되어도 건강할 수 있는 이유는 바로 절제 덕분이다. 재산이 생기고 이름이 알려진 이유는 바로 근면과 절약 덕분이다. 국민의 신망을 얻어 미국 독립선언의 초안을 잡는 위원이 되는 등 중요한 임무를 맡은 이유는 성실과 정의 덕분이다."

경영학자 피터 드러커는 프랭클린의 방식을 본받아 지식을 습득했다고 한다.

배워야 할 것은 아주 많기에 단번에 익히려고 하면 무리가 따른다. 인간이 한 번에 가능한 일은 하나뿐이다. 드러커는 하나의 분야를 일정 기간 집중적으로 습득하고, 어느 정도 습득했다고 생각되면 다음 분야로 넘어가는 방법을 취했다. 그 결과 지식의 거인이라고 불릴 만큼 엄청난 지식을 쌓았다.

"사람은 습관으로 행동하기 때문에
올바른 사고와 행동은 어릴 때 습관을 들여야 한다."

버핏도 틀림없이 프랭클린처럼 '끊임없이 근면과 성실을 실천하면 무엇이든 손에 넣을 수 있다'는 사고방식을 신봉했을 것이다.

찰리 멍거도 버핏 못지않았다. 여덟 살 무렵 그는 프랭클린의 책을 머리맡에 놓아두었다고 한다.

버핏과 멍거는 투자와 삶의 방식을 스스로 정한 규칙에 따라 지킴으로써 부를 얻었다고 할 수 있다.

습관으로 익히는 과정에는 골프 내기와 같은 유혹이 끼어든다. 세상은 속삭인다. "규칙을 지키는 것도 좋지만 때로는 규칙을 어기는 맛도 있어야지. 이번만 눈을 감자. 너무 고지식해서 기회를 놓치면 손해를 보잖아." 특히 금융의 세계에는 규칙을 깨뜨리고 싶은 유혹이 차고 넘친다. 전문가와 매스컴의 달콤한 속삭임도 강렬하다.

자신의 신조를 깨뜨리는 유혹을 단호하게 물리치겠다는 마음가짐을 가져야 한다.

버핏은 투자의 신조에 관해 '올바른 가치관'에 근거한 세 가지를 추가했다.

- 충분히 이해할 수 있을 것.
- 앞으로 5년, 10년, 20년, 확실하게 수익을 올릴 수 있는 비즈니스일 것.
- 그것을 정직하고 합리적인 가격으로 구입할 것.

2011년 버핏은 〈뉴욕타임스〉에 글을 기고했다. 미국의 재정적자를 해소하기 위해 자신과 같은 대부호의 세금을 올리라고 제언한 것이다.

"최상위 부자가 투자 등으로 얻는 불로소득에 과세율을 올리면 세수가 상당히 늘어날 것이다. 우리는 지나치게 우대받고 있다."

'워런 버핏의 규칙'이라고 불리는 이 제언은 전 세계에 파문을 일으켰다.

신념, 성실, 장기 이익이라는 버핏의 규칙에서 보면 충분히 납득할 수 있는 말이다.

Warren Buffett

법칙 2

성공하면 그 밖의 다른 것은 하지 않는다

'절제'가 부를 낳는다

1달러를 1,000원으로 환산해

버핏의 개인 자산을 추정하면 이러하다.

19세 975만 원

26세 1억 4천만 원

36세 68억 5천만 원

49세 1,400억 원

59세 3조 8천억 원

76세 46조 원

미국의 경제 전문지 〈포브스〉의 세계 부자 순위에는 1986년부터 매년 베스트 10에 이름을 올리고 있다. 리스크가 많은 투자의 세계에서 이만큼 자산을 쌓을 수 있었던 까닭은 무엇일까?

버핏은 이렇게 말한다.

"1달러짜리를 40센트에 사는 거지."

Warren Buffett

부자는 손해도 보면서 돈을 벌까? 아니다. 손해를 보지 않는 방법만 생각한다

제1원칙은 손해를 보지 말 것.
제2원칙은 제1원칙을 잊지 말 것.

_워런 버핏의 오마하 성지 순례

1940년대 십대 청년이었던 버핏은 소년 몇 명을 고용해 신문을 배달하는 정식 사업 등 이런저런 일을 통해 투자의 밑천을 모았다.

그중에는 경마 우승 말을 예상하는 신문 발행도 있었다.

버핏은 일찍부터 경마장을 찾았다. 버려진 무수한 마권 중에 당첨 마권을 찾아 헤매다가 발견하면 숙모에게 부탁해 돈으로 바꾸었다.

이윽고 이기는 마권을 예상하는 경지에 올랐다. 경마도 투자와 별반 다르지 않다. 아버지에게 부탁해 장서가 방대한 의회도서관에서 경마 예상에 관한 책을 빌려 탐독했다. 오래된 경마 예상지도 대량으로 구해 읽었다. 자신의 예상이 얼마나 맞는지 확률도 확인했다.

드디어 그는 〈경주마를 돌보는 사람이 특선한 말〉이라는 예상지를 발행해 경마장에서 판매했다. 다만 경마장에 수수료를 지불하지 않았기 때문에 판매는 금지당하고 말았다.

경마장에 다니던 경험을 살려 버핏은 경마의 규칙을 발견했다.

◦ 레이스 하나만 끝내고 돌아가는 사람은 없다.
◦ 손해 보는 레이스에는 배팅하지 않아도 된다.

그런데 어느 날 혼자 경마장에 간 버핏은 한 레이스에 내기를 걸었다가 실패했음에도 규칙을 지키지 않고 계속 배팅했다. 결국 175달러를 잃었다. 그 돈을 회복하려면 1주일 동안 신문 배달을 계속해야 했다.

버핏은 최악의 실수를 저질렀다고 깊이 반성했다. 계속 돈을 잃다가 분한 감정에 휘말려 냉정한 판단력을 잃었던 것이다. "레이스 하나만 더 하자. 이번에 이기면 이제까지 잃은 돈을 다 회수할 수 있어." 한마디로 도박 심리에 사로잡혔던 것이다.

하지만 '조금 더 하면 바뀌는' 경우도 분명히 있지만 '그만두기', '놓치기', '바꾸지 않기'가 더 중요한 경우도 많다. 리스크를 떠안지 않기 위해서는 도리어 후자를 선택해야 한다.

투자에서 성공하는 버핏의 유명한 원칙에는 위와 같은 배경도 작용했을 것이다.

- 손해를 보지 말 것.
- 제1원칙을 잊지 말 것.

버핏이 세계 제일의 부호가 되었을 뿐 아니라 수십 년이나 〈포브스〉지가 발표하는 세계 부자 순위 '포브스 400' 상위에 언제나 이름을 올릴 수 있었던 이유는 이 원칙을 충실하게 지키기 때문일 것이다.

월가의 사람들은 일시적으로 막대한 이익을 얻을지 모르지만 평생 일희일비하며 사는 것은 이 원칙을 알지 못하기 때문이다.

"투자란 지능지수 160인 인간이 130인 인간을 쓰러뜨리는 게임이 아닙니다. 합리적인지 비합리적인지가 문제입니다."

버핏은 월가 사람들의 지능지수가 140 이상이라고 말한다. 그러나 높은 지능지수를 가진 사람이 반드시 뛰어난 투자가가 되는 것은 아니다. 지능지수와 투자 실적은 비례하지 않는다.

우수한 투자가에는 지능지수보다 기본 원칙을 충실하게 지키는 정신과 태도가 더 필요하다. 그것이 투자가와 투기꾼을 가르는 기준이기도 하다.

투자와 투기를 구별하기는 어렵지만 각각의 특징을 말하자면 다음 두 가지가 다르다.

첫째, 투자는 될수록 계산이 확실하도록 손을 쓰고 부정한 돈을 추구하지 않는다. 반면 투기는 확실한 계산이 서지 않는 곳에서 큰 돈을 벌려고 한다.

둘째, 투자는 주가의 변동을 타고 주식을 사고파는 돈벌이보다 배당금 등 투자처에서 나오는 수익을 기대한다. 반면 투기는 주가의 하락이나 상승에서 이익을 얻으려고 한다.

버핏이 젊은 날 경마장에서 경험한 바와 같이 기본 원칙을 이해하고 있어도 자칫 유혹이나 감정에 휘말려 원칙을 저버리거나 잘못된 방식을 선택할 때가 있다. 그리고 그것은 대부분 실패의 요인으로 작용한다.

기본 원칙을 알고 있을 뿐 아니라 철저하게 지키는 것이 중요하다.

냉정함을 잃을 듯하면 '그만두기', '놓치기', '바꾸지 않기'를 떠올려야 한다.

이해하면
이익으로 돌아본다

만약 처음에 성공하면
다른 것은 하지 마라.

_워런 버핏의 주주 서한

버핏의 식생활과 리스크 회피 스타일은 매우 닮았다. 자기가 좋아하는 것, 이해할 수 있는 것 이외에는 결코 손대지 않는다. 대신 일단 정하면 계속 밀고 나간다.

버핏은 〈워싱턴포스트〉의 대표이사로서 이 신문의 발행인, 사장, 회장을 역임한 캐서린 그레이엄Katharine Graham과 함께 행동하는 일이 많았다.

캐서린은 전속 요리사에게 다채로운 미식을 준비하라고 주문했지만 헛수고였다. 버핏은 언제나 익숙하고 부담이 없는 초콜릿

칩 아이스크림, 콜라, 햄 샌드위치를 먹었기 때문이다. 아이스크림이나 콜라에 리스크가 없다고 할 수 없지만 버핏은 같은 음식을 선호했다. 햄 샌드위치라면 두 달 동안 매일 아침 먹어도 좋다고 말할 정도였다.

또 일류 레스토랑의 요리보다 맥도날드나 웬디스에서 파는 것을 좋아했다. 그의 미각은 좀 의심스러울 정도지만 리스크를 회피하려는 생각 때문에 그렇게 한다면 납득이 간다.

캐서린의 소개로 소니[SONY]의 창업주 모리타 아키오와 가진 식사 자리는 최악이었다. 버핏은 일본 요리에 입을 대본 적이 없기 때문에 자신의 태도가 분위기를 망치지 않을까 전전긍긍했다. 예상대로 그는 15가지 음식 중 어느 것 하나도 손댈 수 없었다. 채신머리없는 행동이라는 것은 알았지만 팝콘과 아이스크림이 먹고 싶어서 견딜 수 없었다고 한다.

버핏은 진정으로 자기가 이해하고 자신할 수 있는 기업 이외에는 결코 투자하지 않는다. 비록 이해할 수 있는 범위 안에 눈에 띄는 기업이 없을 때에도 무리하게 범위를 확장시키지 않았다.

그 결과 하이테크 기업을 기피한다고 해서 '꼰대' 취급을 받더라도, 스스로 기껏해야 D학점밖에 줄 수 없더라도 개의치 않았다. 그런 일시적인 평가에 우왕좌왕하다가 리스크를 짊어지는 쪽이야말로 멍청하다고 보았다.

투자 분야를 이해할 수 있고 투자처의 경영자나 경쟁력을 자신할 수 있는지가 중요하다.

◦ 손해 보지 말 것.

◦ 제1원칙을 잊지 말 것.

이것이 버핏의 투자와 리스크 회피가 일체화된 스타일이다.

이러한 방식은 단기 매매를 반복하는 월가의 풍조와 거리가 멀다. 하지만 이 꽃에서 저 꽃으로 날아다니는 나비는 투자가라고 할 수 없다. '이거야!' 하고 제대로 고른 기업과 10년, 20년을 함께하는 것이 진정한 투자가라고 그는 지적한다.

새로운 레스토랑에 가기보다는 비록 '또 오셨네요' 하는 말을 듣더라도 잘 아는 레스토랑에 몇 번이나 가는 것, 이것이 단조롭기는 해도 리스크를 회피하는 왕도다.

"자신이 잘 알지 못하는 기업에 분산투자함으로써
리스크를 회피할 수 있다는 생각은 잘못입니다."

버핏의 스승 벤저민 그레이엄은 투자에 성공하려면 사업에 성공하는 원칙을 따라야 한다고 말한다.

그 원칙이란 '자신의 사업을 알라'는 것이다.

예컨대 판매업이라면 자신이 파는 제품에 관해 당연히 충분한 지식을 갖고 있어야 한다. 제대로 알지 못하면 고객에게 팔 수 없다. 제대로 알지 못하면 월급을 받을 만한 프로라고 할 수 없다.

그러면 자신의 소중한 돈을 투자하는 경우는 어떨까. 주권(株券)은 주식회사 사업의 일부다. 주식을 구입한다는 것은 사업의 일부를 소유하는 것이다. 그렇다면 투자 대상인 회사에 관해 잘 알 필요가 있다.

회사를 잘 알지 못하는 주제에 '인기가 있으니까', '가격이 오르고 있으니까' 하는 이유로 주식을 구입하는 것은 어리석다.

버핏은 이런 방법으로 리스크를 회피한다.

- 시장을 이해할 필요는 없다. 기업의 이해에 집중한다.
- 이해는 가격이 적정한지, 경영진을 좋아할 수 있는지에 집중한다.

따라서 급성장 기업이 속속 탄생하는 테크놀로지 관련 기업에는 관심을 보이려고 하지 않았다. 1960년대 중반에는 폴라로이드, 제록스, 1980년대에는 애플, 마이크로소프트, 1990년대에는 인터넷의 거품 시대였다. 어느 시대에도 버핏은 '모르는 기업을 넘보는' 리스크를 떠안으려 하지 않았다.

많은 사람이 인터넷 거품에 올라타 이익을 올리는 중에도 버핏은 구경제(old economy)라고 불리는 종래형의 제조, 판매, 서비스 같은 기업주를 계속 사들였다.

그는 그 이유를 이렇게 말했다.

"아무리 테크놀로지를 공부해도 그 분야의 일인자가 되기는커녕 우수한 전문 분석가 만 명 안에도 들어가지 못하기 때문이다."

하지만 그가 그렇게까지 테크놀로지 업계를 이해하지 못했다고 생각하지는 않는다.

버핏의 관점으로 볼 때 마이크로소프트나 인텔 같은 테크놀로지 업계의 주식은 단기 매매는 차치하고 10년, 20년 또는 평생에 걸쳐 보유하고 싶지 않았기 때문일 것이다.

동시에 일부러 테크놀로지 업계라는 신규 분야를 개척하지 않더라도 잘 이해할 수 있는 업계나 기업이 얼마든지 있었기 때문이다. 그런 주식을 사서 계속 보유하는 것만으로 충분한 성공으로 보였다.

식사에 관해서는 또 다른 에피소드도 있다. 한 증권 거래인이 버핏과 식사한 며칠 뒤 다시 식사 약속을 잡을 때 버핏 쪽에서 '요전에 식사한 식당'을 지정했다고 한다. 증권 거래인이 "지난번에 갔었잖아요" 하고 대꾸하자 그는 괜히 식당을 바꾸는 리스크를 감당할 필요는 없다고 말했다. 어떤 요리가 나올지 확실히 아는 식당에 가자는 말이다.

미식가의 눈에는 버핏의 입맛이 밋밋해 보일 것이다. 그렇지만 특히 돈의 세계에서는 미식보다 안전이 절대적인 가치다.

너무 빨리 손을 내밀면 금세 거둬들인다

다각화는 무지를 감추는 하나의 수단입니다.
자기가 관여하는 비즈니스를 이해하고 있으면
다각화 따위는 무의미하게 보일 것입니다.

_워렌 버펫의 투자 격언

엄청난 리스크를 동반한다는 이유로 버핏은 다른 업종으로 분야를 확대하고 규모를 키우는 비즈니스의 다각화를 회의적으로 바라보았다.

버크셔 해서웨이도 다종다양한 업종으로 이루어진 거대한 기업 그룹이다. 그러나 버핏은 그것을 다각화하려고 생각하지 않았다. 다만 젊은 시절부터 계속해온 '투자'를 했을 뿐이고, 그 결과 현재의 버크셔 해서웨이가 되었을 뿐이다.

버핏은 다음과 같이 다각화의 예를 들었다.

"오랫동안 업계를 이끌어온 훌륭한 기업이 있었다. 주력 제품 자체는 매력적이라고 할 수 없었다. 그래서 몇 년 전에 경영자는 경영 컨설턴트의 조언에 따라 거액의 비용과 오랜 시간을 들여 다양한 기업을 매수하면서 다각화를 추진했다. 그 결과 다각화를 시작했을 당시에는 원래 회사에서 전체 수익의 100퍼센트를 얻었지만, 10년 뒤에는 원래 회사의 수익이 전체 수익의 150퍼센트가 되었다. 한마디로 매수한 기업은 어떤 수익도 낳지 않았다는 말이다."

규모를 확대해도 가장 중요한 수익을 얻는 능력이 떨어져서는 아무 의미도 없다.

한편 다각화를 하지 않고 하나의 사업에 집중함으로써 성공한 사례는 많다.

대부호 가운데 다각화하지 않은 예를 들자면 한이 없을 정도라고 버핏은 말한다. 미국의 대부호는 거의 예외 없이 하나의 사업을 통해 재화를 축적했다는 말이다.

예컨대 허스트 가문은 출판(허스트 코포레이션)으로 부를 쌓았고, 월튼 가문은 소매업(월마트)으로 세계 제일이 되었고, 게이츠 가문은 소프트웨어(마이크로소프트)로 부호가 되었다.

버핏은 어떤 사업을 깊이 이해하면 다른 사업에 손댈 필요가 없다고 단정한다. 그리고 '능력의 범주'를 중시한다.

자신이 있는 능력의 테두리를 갖고 있으면 다른 곳으로 발을 내디딜 필요도 없고, 테두리를 넓힐 필요도 없다는 말이다.

"자기 능력의 범주 안에 눈에 띄는 것이 없다고 해서 무턱대고 범위를 넓혀서는 안 됩니다. 조용히 기다려야 합니다."

IBM을 창업한 토머스 왓슨은 이렇게 말했다.

"나는 천재가 아닙니다. 어떤 분야에서만 높은 능력을 갖고 있지요. 그 밖의 다른 분야에는 손을 대지 않습니다."

버핏도 이해할 수 있는 것을 지켜 나가는 자세야말로 뛰어난 경영자의 자질이라고 말한다. 실제로 그는 투자의 천재인데도 투자 이외의 분야에 손을 뻗은 적이 없다.

따라서 버핏은 투자처를 찾아냈을 때 종이와 연필을 갖고 이렇게 한다.

① 자신이 이해할 수 있는 기업의 이름을 종이에 적는다.

② 그것을 둘러싸듯 테두리를 그린다.

③ 테두리 안에 있는 기업 가운데 세 종류의 기업을 테두리 바깥으로 내보낸다.

- 본래의 가치에 비해 주가가 비싸다.
- 경영진이 형편없다.
- 사업 환경이 좋지 않다.

④ 테두리 안에 남아 있는 기업을 주목해 자신이 상속한다는 가정 아래 장점과 단점을 파악한다.

- 경영자인 자신은 무엇을 할 것인가?
- 경영자인 자신은 무엇이 하고 싶은가?
- 회사의 문제는 무엇인가?

◦ 회사의 경쟁 상대는 어디인가?

이러한 지식을 갖추고 있으면 기업을 살 때 단시간에 판단할 수 있다. 다섯이나 여섯 업종에 깊은 지식만 있으면 된다. 한꺼번에 공부하기보다는 업종 하나씩 차근차근 공부하면 된다.

'경영진보다 더 깊은 지식'을 지향하는 것이 버핏의 방식이다.

그는 자신이 코카콜라나 가이코의 사업을 이해하듯 마이크로소프트의 빌 게이츠도 하이테크 업계를 이해하고 있으리라고 생각한다. 그것이야말로 능력의 테두리다. 버핏은 능력의 테두리를 중요시한다.

다각화는 억지로 능력의 테두리를 뛰어넘는 행위다. 따라서 리스크가 높다.

뜻은 원대하게, 전망은 조심스럽게

보유 자금의 25퍼센트가 넘는 돈을
빌려 사용한 적이 없다.

_스노볼

이제는 빚이 세계에 불안을 안겨주고 있다. 일본의 재정 적자는 2011년 1,147조 엔이라는 천문학적 수치에 이른다. 방대한 채무 때문에 불안해진 신용평가사가 미국채의 가격 인하를 검토했다. 유로권의 그리스나 스페인, 이탈리아 등 과잉 채무는 그야말로 위태롭기 짝이 없다.

버핏은 종종 과도한 빚이 지닌 중대한 리스크를 경고한다. 그가 신봉하는 벤저민 프랭클린은 '빚은 거짓의 시작이다', '빚이라는 말에는 거짓이 타고 있다', '내일 아침 빚을 지고 일어나기보다는 오늘밤 식사를 거르고 자라'고 할 만큼 빚을 지지 않는 견실한 생활을 주장했다.

프랭클린의 '텅 빈 자루는 똑바로 세우기 어렵다'는 경구를 인용하면서 버핏은 최대한 돈을 빌려야만 겨우 존속할 수 있는 기업은 사회의 리스크라고 지적한다. 그런 회사에서는 그처럼 극단적으로 빚을 꺼려하는 방식이 오히려 시대착오라고 보기도 했다.

하지만 그는 자신의 방식을 관철한 끝에 부호가 되었다.

그가 처음으로 빚을 진 것은 스무 살이 끝나갈 무렵이었다. 어릴 적부터 모아온 2만 달러에 가까운 자금을 갖고 있었지만 투자하기에는 부족한 금액이었다. 빚을 지기 싫었지만 어쩔 수 없이 은행에서 5,000달러를 빌렸다. 이 액수에는 의미가 있다. 그가 빌려도 괜찮다고 정한 금액은 자산의 4분의 1까지였다.

나중에 조카가 주택 매입을 위한 계약금을 빌려달라고 부탁했을 때 대부호인 버핏은 단호히 'NO'라고 대답했다. 계약금조차 없다는 것은, 무게가 5,000킬로그램 나가는 트럭이 몇 번이나 다리를 건너야 하는데 다리의 강도가 5,001킬로그램밖에 되지 않는 것과 마찬가지이기 때문이다. 최소한 7,500킬로그램의 강도를 갖추어야 한다. 이와 마찬가지로 현금이 모이지 않았는데도 큰 재정의 의무를 짊어지는 것은 아주 잘못이라고 말한다.

"비즈니스라는 도로에는 수많은 웅덩이가 패여 있습니다.
그것을 모조리 피해 가겠다는 무모한 계획에는 재앙만 따릅니다."

버핏은 기업을 경영할 때에도 거액의 부채를 선호하지 않는다. 수중에 1만 달러의 자금을 갖고 있는 상태에서 100만 달러가 있으면 틀림없이 성공할 아이디어가 떠오른 적도 있었는데 그때는 아이디어를 포기하든가 변경한다. 빚은 절대 사절이다.

'막대한 빚을 지더라도 경영자가 경영만 잘하면 결코 나쁘지 않다'는 사고방식도 있다. 그러나 버핏은 서슴지 않고 'NO'라고 말한다.

비즈니스는 한 치 앞을 내다볼 수 없다. 언제 어떤 사태가 벌어질지 알 수 없다. 그런데도 '갚을 수 있다'고 믿는 것은 리스크가 지나치게 크다. 어떡하든 빚의 액수는 수중에 쥔 자금의 25퍼센트 이하로 조절해야 한다.

막대한 돈을 빌려 사업을 확대한 결과 한때는 고수익을 올리며 승승장구하다가 결국 자취를 감춘 기업은 셀 수조차 없다. 빚을 싫어하고 테크놀로지 기업에 결코 손을 내밀려고 하지 않은 점은 시대에 뒤처진 듯 보일 수도 있다. 그러나 그가 옳았다는 것은 그의 실적이 증명한다.

줄타기에서 굴러떨어지는 일이 두렵다면 하지 않으면 된다

'간단한 일을 하라'는 말입니다.

_워런 버핏의 주주 서한

버핏은 세계 제일의 투자가로 우뚝 선 지금도 스승인 벤저민 그레이엄의 가르침을 지키고 있다. 한편 그레이엄에게는 없었던 독특한 관점 등을 받아들여 스스로 진화하기도 했다.

그것은 버핏이 그레이엄 뉴먼에서 일하던 시절부터 시작되었다.

그레이엄과 버핏은 투자를 판단할 때 경영자의 수완을 고려하느냐 아니냐에 따라 뚜렷하게 달라진다.

◦ 벤저민 그레이엄 –기업의 장래성보다 드러난 수치를 기준으

로 삼아야 한다.

◦ 워런 버핏 -기업 경영자의 수완과 장래성을 고려해 투자를 판단해야 한다.

우수한 경영자가 있으면 기업은 가치를 올릴 수 있다. 기업은 자산을 합친 정수(定數)가 아니라 앞으로 가치를 늘려갈 변수(變數)다. 버핏은 그렇게 생각함으로써 스스로 파트너십을 성공으로 이끌었다.

그렇지만 청산 가치에 기초해 기업을 관찰하는 그레이엄의 시각에 얽매여 그는 확신을 갖지 못했다.

그런데 그에게 안전 마진(여유)의 정의 중에 청산 가치뿐만 아니라 수치로 나타내기 어려운 다음과 같은 가치도 더해야 한다고 가르쳐준 사람이 찰리 멍거와 허브 월프였다.

◦ 경영자의 수완.
◦ 브랜드 힘의 강도.
◦ 다른 회사와의 경쟁 우위성.

월프는 트레이딩 회사에 근무하는 머리 좋은 남자였다. 그는 어느 날 버핏에게 이렇게 충고했다.

"당신은 황금으로 만든 짚 더미 속에 있어요. 그런데도 그곳에서 황금 바늘을 찾으려고 하지요. 바늘에 집착하지 마세요. 보물찾기는 그만두고 황금 속에 파묻혀 있다는 점을 깨달으세요."

같은 무렵 작지만 파트너십을 시작한 멍거는 무조건 훌륭한 회사를 좋아했다. 그레이엄처럼 재무 상태표도 보는 한편 경영자의 수완 같은 무형의 자산에도 주목했다. 그리고 그레이엄과는 다른 의미에서 진정으로 훌륭한 회사를 찾아내려고 노력했다.

관점을 살짝만 바꾸면 투자할 기업의 폭이 훨씬 넓어진다. 그런데도 당시의 버핏은 그레이엄 방식의 청산 가치에 얽매여 '황금 짚더미' 속에서 '황금 바늘'을 찾으려고 필사적이었다.

물론 그럼에도 대단한 성적을 거두었다. 하지만 멍거나 월프는 그가 '보물찾기'만 그만두면 틀림없이 더욱 대단한 성적을 거두리라고 보았다.

이리하여 1960년대에 버핏은 보물찾기를 그만두고 우수한 경영자가 이끄는 훌륭한 기업에 투자해 나갔다.

"어느 정도 성공을 거둘 수 있었던 것은 웬만큼 뛰어넘을 수 있는 30센티미터의 허들을 찾는 데 온 힘을 기울였기 때문입니다."

나아가 버핏은 망가진 회사를 다시 세우거나 힘든 문제를 해결하는 경험을 통해 어려운 비즈니스에는 끊임없이 문제가 발생한다는 것도 배웠다.

이윽고 그는 이런 생각에 도달했다. "어려운 상태에 놓인 비즈니스를 다시 일으키는 방법은 배우지 않겠다. 다만 힘든 비즈니스는 피해야 한다는 것만 알 뿐이다."

비즈니스도 투자도 어려운 문제 해결에 온 힘을 쏟기보다는 처음부터 문제가 없는 방향으로 나아가는 편이 훨씬 두드러진 이익을 거둘 수 있다.

성공하는 데에 1미터의 허들을 뛰어넘는 힘은 필요하지 않다. 30센티미터의 허들을 찾는 것이 관건이다.

버핏은 지금 청산 가치라는 관점에서 기업을 보지 않는다. 또한 보물찾기도 하지 않는다.

구경제에서 충분히 이익을 거둘 수 있고 그에 관한 수단에 통달해 있는데도 하이테크 기업에 투자하는 것은 일종의 보물찾기였다. 버핏은 이제 그런 힘든 도전에 나서지 않는다. 하이테크 업계를 예측하기는 어렵지만 코카콜라나 질레트가 10년 후, 20년 후에도 경쟁력을 충분히 갖고 있으리라는 것은 비교적 예상하기 쉽다.

불가피하게 리스크가 따라오는 일도 있다. 굳이 리스크가 곳곳에 깔린 방향으로 스스로 나아갈 때도 많다. 리스크만 보지 말고 자신의 행동을 냉철하게 점검하는 것이 바람직하다.

장미도 꽃이 시들면 가시나무와 다를 바 없지 않은가

대홍수를 예측하는 것이 아니라
방주를 짓는 것이 중요합니다.

_워런 버핏의 주주 서한

벤저민 그레이엄은 '안전 마진'(기업의 가치보다 주가가 낮아 주식을 살 때)과 '분산투자'를 고집했다. 투자에 따라붙는 리스크를 최소한으로 억제하기 위함이었다.

일반 투자가가 주가 동향을 예측하기는 쉽지 않다. 하물며 돈을 버는 일은 더더욱 불가능하다.

주가의 예측이 불가능하다면 안전 마진에 있을 때 주가를 사고 분산투자로 리스크를 분산하는 원칙을 지킬 수밖에 없다.

이것이 그레이엄의 기본 사고방식이었다.

버핏도 시장을 예측하는 일 따위는 절대로 하지 않는다. 월가나 전문가의 예측을 바탕으로 결코 매매하지도 않는다. 미래를 확실하게 예측하는 일은 불가능하다는 확신을 바탕으로 리스크를 억제하기 위해서는 충분히 기업을 연구하고 가능한 안전 마진을 확보한다는 기본 원칙에서 벗어나지 않았다.

1966년 주식시장이 폭락에 휘말렸을 때 버핏의 파트너십 고객 중에 '주가가 계속 내려갈 것'이라고 예측하는 사람이 있었다. 버핏은 일축했다. 그런 예측이 가능하다면 주가가 폭락하기 이전에 '곧바로 다우지수 평균이 내려갈 것'을 알았을 것이기 때문이다.

시장이 급등하거나 급락하면 대다수 사람은 가장 가까운 움직임만 보고 근시안적 예측에 빠져 근거 없는 비관론이나 낙관론에 휘둘린다. 하지만 미래를 예측하는 불가능에 도전하기보다 미래에 대비하는 가능한 일에 힘을 쏟는 편이 훨씬 중요하다.

버핏은 그레이엄과 같이 일시적으로 '주식 세일 매입'에 즐겨 나섰지만 그것도 그만두었다.

'세일 매입'으로는 나중에 청산하는 일이 있어도 충분히 이익을 낼 수 있는 기업을 싼 가격에 살 수 있다. 기업의 우수함이나 성장 가능성은 고려하지 않는다.

버핏은 이런 방식에 문제가 많다는 것을 알았다. 싸게 산 기업에서 곧바로 이익을 거둘 수 있다면 다행이지만 그 기업의 경영에 많은 노력과 비용이 필요하다면 거꾸로 비싸게 산 셈이기 때문이다.

그래서 버핏은 '훌륭한 기업을 어느 정도 괜찮은 가격으로 사는' 방식으로 방향을 전환하기에 이른다.

"좋은 비즈니스라면 계속해서 쉬운 결단을 내리면 되지만 나쁜 비즈니스라면 반복적으로 곤란한 결단을 내리도록 강요당한다."

그러면 '훌륭한 기업'과 '훌륭하지 않은 기업'은 어떤 차이가 있을까?

버핏에게 훌륭한 기업을 사는 장점을 가르쳐준 찰리 멍거는 변호사 시절 그 차이를 뼈저리게 경험했다. 당시 그는 보수의 일부를 저축해 투자하거나 작은 사업을 벌이곤 했다.

그때 변압기 제조사가 벤처캐피털과 대립하여 회사를 빼앗길 처지에 놓였다. 멍거는 차입 매수LBO(레버리지 바이아웃)의 창시자라고 불릴 만한 수법으로 그 회사를 사들였다. 당시는 한국전쟁이 한창이었기 때문에 군사용 로켓의 특수 변압기를 제조하는 그 회사가 큰 수요를 누릴 것으로 생각했다.

하지만 경쟁 상대인 다른 회사도 사업을 확장하는 바람에 회사는 파탄의 위기에 처했다. 경영자와 사원은 힘을 합쳐 성실하게 일했고 다른 회사를 매수해 사업을 확대하려고도 했지만, 결국은 경영의 위기를 극복하지 못하고 매수한 회사를 재매각해 변압기 사업만 남았다.

곧 한국전쟁의 휴전 협정이 맺어지자 사업은 더욱 먹구름이 끼었다. 멍거는 대폭의 해고를 단행해 회사를 위기에서 겨우 건져내고 수익을 내는 데 성공했다.

사업의 매각과 대규모 해고 상태를 겪으면서 멍거에게는 씻을 수 없는 오명이 남았다. 그는 여기서 두 가지 교훈을 얻었다.

- 두 번 다시 하이테크 분야에는 관여하지 않는다.
- 파탄의 위기에 처한 기업이 아니라 질 높은 기업을 사들여야 한다.

훌륭한 기업이라면 손쉽게 매입 결단을 내릴 수 있다. 하지만 훌륭하지 않은 기업이라면 계속해서 곤란한 결단에 직면해야 하는 압박을 느낄 수밖에 없다.

'이렇게 월등하게 값싼 회사는 없을 것'이라고 판단해 사들인 기업이 기대한 대로 이익을 내주는 일은 드물다.

대대로 번영을 구가한 유명하고 신용 있는 백화점이라는 이유로 버핏이 1966년에 매수한 호치스차일드 콘Hochschild Kohn이 그런 예다.

"거저나 다름없는 가격에 샀다고 해도 그것이 특별히 싼 물건이라고 할 수는 없습니다."

주위에는 세 군데 경쟁 백화점이 있었지만 버핏은 재무 상태표를 검토하고 나서 그 자리에서 1,200만 달러를 제시하고 호치스차일드 콘 백화점을 매수했다. 이류 백화점이기는 해도 싼 가격에 살 수 있다는 이유에서였다.

그러나 결과는 참담한 실패였다. 하루가 멀다 하고 문제가 불거졌다.

경영자의 새 점포 계획을 둘러싸고 대립이 발생했다. 경쟁 백화점이 인테리어나 설비 투자에 나서자 뒤처질 수 없다는 압박을 받는 등 경영이 어려워졌다. 버핏은 자산이 충분하니까 안전하다고 생각했다. 하지만 현실에서는 백화점의 시대가 이미 막을 내리고 있었다. 게다가 호치스차일드 콘에는 경쟁을 이겨낼 노하우가 전혀 없었다.

구입 가격은 장부 가격을 밑돌았고 경영자도 존경할 만한 인물이었다.

그러나 호치스차일드 콘은 '골치 아픈 비즈니스'가 되었다. 3년 뒤 버핏은 지불한 가격과 거의 같은 가격으로 이 백화점을 매각해야 했다.

여기에서 곤란한 비즈니스는 문제를 하나 해결하기 전에 또 다른 문제를 일으킨다는 것, 문제가 쉬지 않고 이어지면서 소모전으로 치달을 뿐이라는 교훈을 얻었다.

좋은 비즈니스라고 해서 리스크가 제로라는 말은 아닐 것이다. 다만 훌륭한 비즈니스를 우수한 경영자가 경영하면 리스크는 아주 낮아질 것이다. 반면 문제가 많은 비즈니스라면 성장하기는커녕 오직 살아남기 위해서 인원 삭감이나 공장 매각 같은 힘들고 가슴 쓰린 결단을 계속 내려야 한다.

버핏은 '훌륭한 기업을 어느 정도 싼 가격에 사는 것'이 결국 리스크를 가장 최소화한다는 사실을 깊이 새겼다.

Warren Buffett

법칙 3

웬만한 스트라이크는 그냥 흘려보낸다

'기다림'이 부를 낳는다

버크셔 해서웨이의 주가는
45년 사이에 82만%라는 전대미문의 상승률을 기록했다.
같은 기간에 다우 평균 주가는
1,400% 올라갔으니까 그것의 585배인 셈이다.
만약 열 살짜리 아이가 부모에게 말해
버크셔 해서웨이에 10만 원을 투자했다면
55세가 되었을 때 8억 2,000만 원을 받는다는 계산이 나온다.
상승률을 실현하기 위해 얼마나 정보를 모으고
밤낮을 가리지 않고 주가를 들여다보고
어디까지 숫자를 읽어내고, 얼마나 매매를 반복했을까?
보통은 그렇게 생각할 것이다.
그러나 버핏은 이렇게 말한다.

"할 일이 없을 때
아무것도 하지 않는 것이 비결입니다."

Warren Buffett

꿈꾸기 위해서는
악몽을 꾸지 않는 힘이 필요하다

투자의 세계에는 삼진 아웃이 없습니다.

_워런 버펫의 투자 격언

세계 제일의 투자가 버핏도 연전연승의 인생이었던 것은 아니다. 뼈아픈 실패를 겪은 때도 있고, 살 수 있는 물건의 매입을 유보해 막대한 이익을 놓친 적도 있다.

버핏이 뼈아픈 실패를 저지른 대표적인 예가 젊은 시절에 샀던 정유소였다. 만약 그것을 사지 않았다면 그 몫의 투자를 현재 60억 달러로 불렸을 것이라고 후회했다.

한편 구입이 가능했는데도 기회를 놓친 대표적인 예가 패니메이Fannie Mae Company였다. 이것을 샀다면 50억 달러의 이익으로 이어졌을 것이다.

버핏은 이처럼 '놓친 기회'가 몇 번이나 있었다.

1968년 그는 백화점 경영자인 조 로젠필드의 부탁을 받고 엘리트 대학인 그리넬 칼리지의 이사로 취임했다.

그곳에서 새 회사에 투자한 일이 화제에 올랐다.

1960년대 실리콘밸리를 풍미한 반도체 회사 페어차일드 세미컨덕터Fairchild Semiconductor를 퇴사하고 그리넬 대학에 있던 세 사람이 새로운 반도체 회사를 설립한다는 소식이었다. 그들은 이사 밥 노이스Bob Noyce, 연구부장 고든 무어Gordon Earle Moore, 연구개발 차장 앤드루 그로브Andrew Grove였다.

로젠필드와 대학은 새로운 회사에 각 10만 달러씩을 투자했다고 한다.

그런데 하이테크 산업에 신중했던 버핏은 투자하지 않았다. 다만 대학이 10만 달러를 투자하는 것에는 이사로서 승인했다.

그 회사는 바로 현재 세계 1위 반도체 회사 인텔이다.

만약 이때 버핏이 몇 만 달러를 인텔에 투자했다면 도대체 얼마나 이익을 얻었을까? 상상이 마구 피어오르는 에피소드이다.

그러나 버핏은 인텔 이야기를 실패한 예로 꼽지 않는다. 아마 신경도 쓰지 않았을 것이다.

왜냐하면 버핏의 투자 스타일은 '좋은 공이 올 때까지 기다리기'이기 때문이다. 자기가 치기 쉬운 공이 아니라면 아무리 매력적인 공이라도 그냥 흘려보낸다. 그는 그것이 당연하다고 생각한다.

"투자가가 스트라이크를 당하는 경우는
헛스윙을 했을 때뿐이다."

버핏은 야구를 아주 좋아했다. 마지막 4할 타자로 잘 알려진 테드 윌리엄스Ted Williams는 안타를 칠 수 있는 공에 배트를 휘두르는 것이 훌륭한 타자의 첫 번째 조건이라고 말한다. 스트라이크 존을 벗어난 공에 배트를 휘둘렀을 때는 타율이 좋지 않았다고 술회한다.

버핏도 테드 윌리엄스와 같은 생각이었다.

투자가는 배트를 쥐고 있는 타자에 해당하고 주식시장이 투수에 해당한다. 시장은 '제너럴 모터스 주식을 50달러에 사면 어떠냐?', 'US 스틸 주식이 싼데?' 하고 매력적인 공을 차례로 던져준다. 그러나 자신의 스트라이크 존을 벗어나는 공이라면 타자는 배트를 내밀지 말아야 한다.

야구라면 심판이 스트라이크를 판단하지만 투자의 세계에서는 어느 누구도 말을 해주지 않는다. 야구에서는 스트라이크로 보이는 공을 세 번 그냥 보내면 아웃을 당한다. 그러나 투자의 세계에는 삼진 아웃이 없다.

주역은 당연히 투자가다. 관객(세상)이 '자, 힘껏 쳐!' 하고 소리를 지르든, 심판(전문가)이 몇 번이나 스트라이크를 선언하든 아웃은 없다.

자신의 스트라이크 존을 벗어난 공에 배트를 대느냐 대지 않느냐에 따라 평범한 투자가와 진정한 투자가가 나뉜다.

버핏의 투자법은 자신의 스트라이크 존을 확실히 정해놓고 그곳을 벗어나면 손을 대지 않는다. 비록 인텔처럼 그냥 보냈다가 막대한 이익을 놓치는 한이 있어도 그런 일은 신경 쓰지 않는다.

진실로 좋은 공이 왔을 때만 재빠르게 배트를 휘두른다. 그때 내야수와 외야수(경쟁 투자가들)가 '이번은 볼일 거야!' 하고 한눈을 팔아준다면 더할 나위 없다.

버핏은 자신의 스트라이크 존이 아닌 데도 배트를 휘두른 실패에 민감하다. 45년 동안 82만 퍼센트에 달하는 신들린 투자 실적을 올린 버크셔 해서웨이조차 실패한 예에 속할 정도다.

그러나 흘려보낸 건에 관해서는 전혀 후회하지 않는다. 인텔을 창업할 때 출자하면 곧장 대부호의 길로 들어설 수 있는데도 배트를 휘두르지 않고 가만히 있었다.

"시간은 네 편이다. 초조해하지 마라. 사람들이 하는 소리에 동요하지 마라. 좋은 공만 골라서 힘껏 때려라." 마치 버핏의 목소리가 들려오는 듯하다.

이기지 않으면 정규군이 될 수 없지만, 누구나 기다리면 정규군이 될 수 있다

내가 가장 좋아하는 투자의 기간은 영원이다.

_위대한 기업에 투자하라

주식을 '언제 팔까'는 '언제 살까' 못지않게 중대한 문제다. 타이밍에 따라 돈을 벌 기회를 날릴 수도 있으니까 신경이 쓰이는 것도 당연하다.

버핏은 벤저민 그레이엄 다음으로 저명한 투자가인 필립 피셔 Philip Fisher를 스승으로 삼는다. 모토롤라(2011년 분할)가 아직 작은 라디오 제조 회사였던 1955년에 주식을 사두었다가 2004년 사망할 때까지 계속 보유했던 일화로도 잘 알려진 인물이다.

피셔는 '언제 사야 할까'라는 물음에 올바른 선택으로 구입한 주식이라면 '팔지 마라'고 대답한다.

그리고 다음 세 가지 경우에만 주식을 팔라고 말한다.

- ◦ 올바른 선택이라고 생각했지만 판단에 오류가 있을 때. -잘못을 알았으면 곧바로 반성하고 고쳐야 한다는 철칙은 투자의 세계에서도 마찬가지다.
- ◦ 시대의 변화로 기업이 당초의 조건을 충족시키지 못할 때. -그래도 당황해서 호들갑을 떨 일은 아니다.
- ◦ 투자처를 갈아탈 때.

그러나 매력적인 투자 기회는 그렇게 많지 않다. 당장 눈앞에 있는 급성장 주식에 정신을 빼앗겨 소중한 장기 이익을 잃지 않도록 주의해야 한다.

또한 피셔는 절대 해서는 안 되는 두 가지 경우도 언급한다.

- ◦ 비관적인 심정으로 서둘러 주식을 파는 일. -주식시장이 눈에 띄게 혼미한 상황에서는 누구나 동요하기 쉽다. 그러나 긴 안목으로 보면 허둥댈 이유는 없다.
- ◦ 타인의 조언에 넘어가 주식을 파는 일. -'이쯤 해서 이익을 확보해두어야 해요' 하는 타인의 의견에 휘둘려 주식을 파는 일도 조심해야 한다. 주식 전문가는 '지금 팔아서 이익을 남긴 다음 더 나은 주식을 사는 게 나을 걸요' 하고 곧잘 부추긴다. 그러나 현금이 꼭 필요한 경우가 아니라면 그런 의견을

진지하게 들을 필요는 없다. 좋은 주식은 파는 법이 아니다.

좋은 기업은 오랫동안 성장한다. 주식은 인간보다 수명이 더 길다. 진정으로 유망한 성장주라고 확신한다면 될수록 장기간 보유해야 한다. 그것이 주가가 올랐을 때 팔아서 얻는 이익보다 훨씬 더 많은 이익을 가져다준다.

"운용 성적은 특정한 날의 주가가 아니라 기업의 실적에 따라 정해집니다."

버핏도 피셔와 생각이 같다.

파트너십을 막 시작했을 무렵에는 운용 자금이 충분하지 않았기 때문에 장기 보유를 하고 싶어도 그럴 수 없었던 적도 있다. 하지만 시간이 흐를수록 주식을 파는 일에는 관심을 보이지 않았다. 우량 기업이라면 절대로 팔지 않았고, 평균 이하의 기업도 팔고 싶지 않았다고 단언한다.

버핏은 자신이 주식을 구입한 기업과 평생 관계가 이어지기를 희망한다. 해당 기업은 이익을 올려 매년 확실하게 이익의 일부를 돌려줄 것이기 때문이다.

주식은 기업의 일부고, 주식 투자는 사업을 사는 것이다. 주가의 변동을 보면서 매매를 통해 차익금을 버는 일은 투기에 지나지 않는다. 사업을 장기 보유함으로써 이익을 얻는 것이 투자다.

따라서 1~2년 좋은 성적을 거둔 기업이 아니라 5년, 10년이

지나도 확실하게 안정적으로 성장할 기업을 사야 한다. 그것은 단기 매매를 반복해서 얻는 이익보다 더 많은 부를 가져다준다.

따라서 버핏은 자신이 경영하는 버크셔 해서웨이의 주주들에게도 '언제 얼마에 팔까'를 생각하지 말고 영원히 주식을 보유하기를 바란다.

자기 회사의 주식이 자주 거래된다고 기뻐하는 기업의 CEO가 있는데 버핏은 그런 사고방식을 전혀 이해할 수 없다. 빈번한 매매는 주주가 자주 바뀐다는 것을 뜻한다. 하다못해 학교나 동아리만 해도 구성원이 자주 바뀐다고 기뻐하는 책임자가 있을까.

최대의 이익을 보장하는 것은 증권시장이 아니라 보유 기간이다.

서둘러 결정하지 마라. 결정했으면 서둘러라

연차보고서 등을 읽고 가치와 가격의 차가
크게 벌어진다는 것을 알았다면
곧바로 행동하는 것이 중요합니다.

_워런 버핏의 오마하 성지 순례

종종 아무런 관계도 없어 보이는 스포츠나 게임을 통해 사업 아이디어를 얻을 때가 있다.

투자도 그렇다. 버핏은 게임을 아주 좋아한다. 그는 친하게 지내는 빌 게이츠가 몇 번이나 권해도 컴퓨터를 사지 않았다. 그렇지만 어느 날 그는 오로지 '브리지 게임'을 즐기기 위해 컴퓨터를 구입했다.

국제 브리지 시합에서 팀 우승을 두 번 거둔 샤론 오스버그Sharon Osberg와 1993년에 만났을 때 버핏은 컴퓨터가 있으면 브리지를 할 수 있다는 말을 들었다. 버핏은 그 말을 듣고 컴퓨터를 사서 일주일에 몇 번 오스버그나 게이츠와 브리지 게임을 즐긴다.

찰리 멍거도 버핏과 브리지 게임을 한다. 하지만 멍거가 비즈니스의 힌트를 얻고 사업 수완을 연마한 게임은 포커라고 한다.

브리지와 포커는 기회와 타이밍에 관한 다음 두 가지 감각을 익히게 한다.

◦ 승산이 없을 때는 당장 게임을 그만두라.
◦ 기회가 찾아오면 과감하게 승부에 나서라.

투자의 세계에는 기회가 얼마든지 있는 것처럼 보인다. 하지만 자신의 스트라이크 존을 지키며 좋은 공을 기다리는 사람에게 기회가 언제든지 찾아오는 것은 아니다. 버핏이 계속 성공할 수 있었던 까닭은 자신에게 다가온 기회를 확실하게 포착하는 빠른 결단력을 가지고 있었기 때문이다.

버핏은 하루에 10시간이나 정보 수집과 분석에 매달린다. 그러나 주식을 살 때는 분석하지 않는다. 신속한 결단을 중시한다.

2002년부터 2003년에 걸쳐 그는 중국의 국영 석유회사 페트로차이나[PetroChina]의 주식 1.3퍼센트를 4억 8,800억 달러에 매입했다. 그는 그 회사를 방문한 적도 없고 경영진에게 전화를 걸어보지도 않았다. 단지 연차보고서만 읽고 결단을 내렸다.

"어떻게 그럴 수가 있죠?" 이렇게 묻는 버크셔 해서웨이 주주들에게 버핏은 "신속하게 판단할 수 있으니까요" 하고 대답했다.

상대의 체중이 150킬로그램이든 180킬로그램이든 '뚱뚱하다'는 것은 한눈에 알 수 있는 법이다.

버핏은 세계 최대의 종합 에너지 기업 엑슨 모빌의 주주였기 때문에 원유나 화학 사업을 이해하는 것이 어렵지 않았다. 그가 보기에 1,000억 달러의 가치가 있는 페트로차이나가 350억 달러에 팔리고 있다면 굳이 다른 생각은 할 필요도 없었다. 그저 '매입하자'는 판단만 내리면 충분했다.

주가의 세 배에 이르는 가치를 가진 회사가 눈앞에 있는데도 이러쿵저러쿵 세세하게 분석하느라 시간을 낭비하는 것은 어리석다. 기회가 지나가 버릴 것이다. 5분이면 충분히 판단을 내릴 수 있다. 그 다음에는 오직 행동에 옮기는 일뿐이다. 이것이 버핏의 방식이다.

버핏은 금세 판단을 내릴 수 없는 문제를 부여안고 회의를 열거나 남의 의견을 들으려고 하지 않는다. 승산이 없는 게임일 때는 당장 그만두고 '골치 아픈 안건'을 모아두는 정리함에 처박아 버린다.

그렇게 하고 나서 나머지 안건은 몇 분 안에 결단을 내린다.

기회를 앞에 두고 망설이는 것은 최악의 시간 낭비다.

빨리 달리기 시작한 사람은 빨리 달리는 사람을 이긴다

우리의 시간이나 판매자의 시간 낭비를
원하지 않습니다.

_워런 버핏의 주주 서한

피터 드러커는 성과를 올리는 데 가장 큰 제약 조건을 시간이라고 했다.

시간은 누구에게나 주어진다는 점에서 공평하다. 하지만 저금할 수도 불릴 수도 없다. 또한 남에게 건네받을 수도 없다.

성과를 올리려면 한정된 자원인 시간을 얼마나 효율적으로 활용하느냐가 중요하다.

버핏과 멍거가 신봉하는 벤저민 프랭클린도 인생을 소중하게 여긴다면 시간을 헛되이 쓰지 말라고 충고한다. 시간이야말로 인생의 가장 소중한 재료기 때문이다.

프랭클린은 이렇게 말한다.

◦ 시간의 낭비야말로 최악의 낭비다.
◦ 시간이 충분하다고 생각하면 언제나 반드시 시간 부족으로 끝난다.
◦ 시간이라는 분실물은 무슨 수를 써도 되찾을 수 없다.

그런데 우리는 시간이 한정된 귀중한 자원이라는 것을 머리로 이해하면서도 종종 헛되이 흘려보내기 일쑤다. 타인의 시간을 배려한 나머지 자신의 시간을 희생시키기도 한다.

버핏은 자신의 시간도 낭비하지 않을 뿐 아니라 타인의 시간도 낭비하기를 꺼려했다. 한 예로 그는 다른 사람이 들고 오는 투자 제안에 재빨리 결론을 내린다.

투자를 제안하는 사람에게 버핏은 몇 가지 조건을 제시한다.

"일관되게 수익을 거두는 힘이 있습니까?" "부채는 적습니까?" "경영진이 안정적입니까?" "내가 이해할 수 있는 단순한 기업입니까?" 그리고 반드시 이렇게 덧붙인다.

"가격이 제시되어 있습니까?"

버핏은 가정에 근거한 이야기를 좋아하지 않는다. 가격이 제시되어 있으면 결론을 내기 쉽지만, 그렇지 않으면 가정에 근거한 이야기로 끝나 버리기 때문이다. 이는 시간 낭비일 따름이다.

버핏의 결론은 빠르다. 투자 이야기를 듣고 있으면 '괜찮을 것 같다', '별로다' 하는 느낌이 바로 전해진다고 한다.

'별로다'는 쪽이면 비록 상대가 말하는 도중이라도 끊고 'NO'라고 할 때도 있다. 예의가 아닌 듯하지만 그는 개의치 않는다. 상대와 자신의 시간을 소중히 여기는 행동이기 때문이다.

찰리 멍거는 자녀에게 시간을 낭비하지 않는 삶의 방식을 엄하게 가르친다고 한다. 그는 늘 이렇게 주장한다.

- 약속 장소에는 일찍 나간다.
- 약속에 늦었을 때는 변명을 늘어놓지 않고 사과한다. 변명 따위를 듣고 싶어 하는 사람은 없다.
- 전화는 곧바로 회신한다.
- 'NO'라는 결론은 5초 안에 내린다. 신속한 결단으로 상대가 기다리지 않도록 한다.

"게임에서는 앞서 나가라고 권한다.
너무 앞에 나설 필요는 없지만 뒤따라가는 것보다는 낫다."

버핏이 성공할 수 있었던 이유 중 하나로 여섯 살 때부터 작은 사업을 시작했다는 점을 들 수 있다. 스무 살이 되었을 때는 이미 어엿한 사업가로서 투자가 가능할 만큼 자산을 모아둔 상태였다.

버핏은 사업의 성공과 관련 있는 요소가 무엇인지 조사했다. 그것은 학업 성적도, 출신 집안도, 비즈니스 스쿨에 다닌 경험도 아니었다. 그것은 비즈니스를 시작한 연령이었다.

버핏만 그런 것이 아니다.

이를테면 스티브 잡스는 스물한 살 때 애플을 창업했고, 마크 저커버그는 스무 살 때 페이스북을 창업했다. 두 사람 다 20대에 거부가 되었다.

버핏의 행보는 잡스나 저커버그만큼 화려하지 않다. 하지만 일찍부터 꾸준히 자금을 모아 투자함으로써 세계에서 손꼽히는 부호가 되었다는 점에서는 상당히 조숙했다고 할 수 있다.

버핏의 공식 자서전은 이 책에서 자주 인용한 〈스노볼〉이다. 이 제목은 버핏이 어릴 적부터 '작은 눈덩이'를 굴리기 시작했다는 사실에서 유래한다. 만약 눈덩이를 굴리기 시작한 시점이 10년 만 늦어졌더라도 이만큼 높은 산기슭에는 오르지 못했을 것이라고 그는 술회한다.

앞서 가기 위해서는 일찍 출발해야 한다. 시간을 낭비해서는 안 된다.

물론 인생은 언제라도 다시 시작할 수 있을 만큼 유연하다. 그러나 잃어버린 시간을 되찾기란 불가능하다는 것도 늘 마음에 새겨야 한다.

욕망이 두 배가 되면 위험도 두 배가 된다

지급할 금액과 어울리지 않는 가치에 투자하는 일이란 있을 수 없다.
주가가 오르기를 기대하고 차액을 벌어들이려고 하는 것은 투기다.

_버핏

투자와 투기의 차이점은 시간에 대한 태도로 나타난다.

투기꾼은 서둘러 이익을 내려고 하는 반면, 투자가는 오랫동안 계속 풍성하기를 바란다.

'고고 시대'라고 불리는 거품 경기에 들떠 있던 1960년대 후반에는 우후죽순처럼 갖가지 펀드가 생겨나 분기나 한 달 단위가 아니라 하루, 한 시간 같은 단기간에 실적을 올리려고 했다. 프레드 카Fred Carr가 대표적인 인물이었다.

카는 주가가 상승하면 망설이지 않고 주식을 샀고, 팔 때라고 생각하면 그 자리에서 팔아치우는 단기간의 승부에 몰두했다. 1967년에 그는 버핏을 훨씬 능가하는 연간 이율 116퍼센트라는 실적을 올렸다.

고급 주택가 베벌리힐스Beverly Hills에 살면서 고급 스포츠카를 타고 다니는 카는 새 시대의 영웅으로 명성을 날렸다. 〈비즈니스위크〉지는 그를 '미국 제일의 펀드 매니저'라고 치켜세웠다.

버핏도 같은 시기 59퍼센트라는 높은 이율을 기록했다. 그는 자신의 방식이 옳다고 믿었고, 그와 다른 방식을 취하는 사람과 경쟁하는 일에 의구심을 품었다.

게임의 규칙이 바뀌면 새 규칙에 익숙하지 않은 사람은 패배의 길로 들어서 무대를 떠나야 한다. 버핏은 이러한 가혹한 현실을 누구보다도 잘 알고 있었다.

그는 투자가로서 카처럼 영락의 길을 걸을 생각이 없었다. 이제까지 거둔 성공은 존경할 수 있는 경영자와 함께 우수한 사업을 전개했기 때문에 가능했다. 그에게는 그것만으로도 충분히 자극적이었다.

따라서 잇따라 기업을 사고팔아 이윤을 얻는 방법에 편승할 뜻이 없었다.

순간적인 고수익을 좇는다면 버핏의 고객이 되기보다는 카의 고객이 되는 편을 선택해야 한다. 버핏은 고객에게 계약을 해지하고 다른 펀드에 투자하라고 권유했지만 대다수 고객은 투자처를 옮기려고 하지 않았다.

"나는 기존의 방식이 효력을 잃어 큰 손실이 난다고 해도 내 방식을 바꿀 생각이 없다."

드디어 주가가 하락하기 시작했다. 카는 현금화하기 어려운 엄청난 주식을 남겨놓고 1969년 폐업하기에 이르렀다.

버핏은 훌륭한 성과를 냈지만 같은 해 파트너십을 해산하고 일시적으로 은퇴했다.

이후 파트너십이 아닌 버크셔 해서웨이의 경영에 전념한 그는 수많은 기업에 투자했고, 가능하면 오래 영원토록 주식을 소유한다는 방식을 실현해 나갔다.

버크셔 해서웨이는 성장했고 버핏은 미국 제일의 대부호, 나아가 세계 제일의 투자가로 등극했다. 동시에 버크셔 해서웨이에 투자한 사람들도 부자가 되었다.

버핏은 오직 기업이 지닌 가치에 투자했다. 투자처는 이윤을 벌어주는 도구가 아니라 파트너라고 생각했다.

투자와 투기의 구별이 흐려지고, 사람들은 빠른 시간에 이익을 챙겨 벼락부자가 되려고 한다. 그럴수록 세상에는 투기가 판을 치고 온갖 혼란이 생겨난다.

타인의 돈을 위탁받은 기업 경영자나 펀드 매니저가 하루바삐 부자가 되려는 생각에만 사로잡힌 나머지, '투자하고 있다'는 사실을 망각하기 때문에 글로벌 자본시장은 대혼란에 빠지는 것이다.

버핏은 짧지 않은 인생을 살아오면서 자신이 '투자가'라는 사실을 한 번도 잊은 적이 없다. 이것이 바로 '오마하의 현인' 워런 버핏이 월가 사람들과 뚜렷하게 선을 긋는 지점이다.

성급하게 한순간에 부자가 되고 싶다면 당장 월가로 달려갈 일이다. 그러나 오랜 기간 확실히 부자가 되고 싶다면 버핏처럼 '투자가'의 삶을 살아가는 것이 현명하다.

Warren Buffett

법칙 4

바보도 경영할 수 있는 회사를 선택한다

'시작'이 부를 낳는다

버핏의 사생활은 소박하기 이를 데 없다.
그는 개인 생활을 위한 최대의 투자를 집과 결혼반지라고 한다.
네브래스카 주 오마하 교외에 있는 그의 자택은
2,600만 원에 구입했는데
1957년부터 반세기가 넘게 살고 있다.
스물두 살에 산 결혼반지의 가격은 자산의 6퍼센트에 해당했다.
당시의 자산을 1억 원이라고 하면 600만 원이라는 말이다.
옷차림에는 별 신경을 쓰지 않고, 음식은 배를 채우기 위해 먹는다.
부호들은 대개 검약한 편일지도 모르지만
그래도 버핏은 정도가 심한 듯하다.
버핏은 이렇게 말한다.

"남보다 유별난 일을 하지 않아도
남과 다른 업적을 달성할 수 있다."

Warren Buffett

첫 선택이 성공의 절반을 차지한다

이미 올라탄 배 위에서 어떻게 노를 잘 젓느냐보다
어떤 배에 올라타느냐가 더 중요하다.

_워런 버핏의 주주 서한

버핏은 뛰어난 경영자가 있는 우수한 기업을 싼 값에 사라고 권한다. 이런 기업은 매년 어김없이 좋은 실적을 올릴 것이기 때문이다.

한편 기업 매수를 반복하는 기업은 우수한 기업이 아니라고 생각하는 듯하다. 매수에 의한 수익성의 향상이나 규모의 올바른 확대에는 의문을 품고 있기 때문이다.

경영자는 대개 이런 생각으로 기업을 매수한다.

"저 기업만 매수하면 새로운 시장과 기술을 얻을 수 있다. 규모의 확대에 의한 스케일 메리트, 즉 조직 편성에 의한 수익 향상도

가져올 수 있을 것이다."

그렇지만 버핏은 이런 경영자를 의심한다.

그는 기업 매수를 공주(매수하는 기업)가 키스해주면(매수) 왕자로 변하는 개구리(매수당하는 기업)가 아니라고 단언한다.

유능하지 않은 경영자는 개구리에게 키스만 해주면(기업을 매수하기만 하면) 놀랄 만한 효과가 있을 것이라고 믿고, 거금을 들여서라도 개구리를 손에 넣으려고 한다. 그러나 매수에는 여러 가지 문제가 숨어 있다.

이를테면 제대로 잘 걸을 때도 있지만 가끔 다리를 저는 말(매수하는 기업)을 남에게 팔고 싶어 한다고 치자. 말 주인(경영자)은 수의사(월가)에게 '과연 팔릴까요' 하고 상담한다. 수의사는 문제없다고 대답한다. 말이 제대로 걸을 때 팔아넘기면 된다는 것이다.

이렇게 황당무계한 얘기가 성립한다. 즉 병든 말인데도 경주에서 3관왕을 휩쓴 말이 되어 팔려 나간다. 월가는 이런 일이 벌어지는 곳이다.

황당무계한 얘기에 넘어간 경영자는 병든 말을 산다. 하지만 병든 말은 병든 말일 뿐이다. 병을 치료해서 다시 훌륭한 말로 키워내는 경영자도 없지는 않겠지만, 대다수 경영자는 병든 말이라는 사실을 알면 실망한다.

그들은 질리지도 않는지 '이번에야말로 진짜 좋은 말을 사야지' 하고 매수에 더욱 힘을 쏟는다. 이리하여 그 경영자 주위에는 병든 말만 모인다. 결국에는 어쩔 수 없이 살처분(대규모 해고)에 나설 수밖에 없다.

버핏은 이런 경영자와 기업을 수도 없이 지켜봤다. 그리고 병든 말을 좋은 말로 키우는 기적은 일어나지 않는다는 것을 잘 알고 있다.

"아무리 유능한 기수라도 명마를 타면 경주에서 이기겠지만 다리가 부러진 말을 타면 절대 이길 수 없다."

버핏은 젊은 시절 비슷한 실수를 한 적이 있다. 버크셔 해서웨이였다.

1962년 버크셔 해서웨이가 화제에 올랐을 때 그는 벌써 이 회사를 자세히 조사해둔 상태였다. 1주당 기업 가치는 19달러인 반면 주가는 7달러에 불과했다. 이익이 나오지 않고 도산할 것처럼 보이는 회사였지만 여하튼 가격은 쌌다. 그는 이 회사를 보유하고 싶었다.

그러나 막상 사고 보니 버크셔 해서웨이는 알맹이가 없는 쭉정이였다. 입도 댈 수 없을 만큼 형편없었다.

버핏은 종종 버크셔 해서웨이만 사지 않았더라도 훨씬 더 큰 부자가 되었을 것이라고 말했다. 이 말은 사실이었다. 버크셔 해서웨이는 돈이 새나가는 밑 빠진 독 같았다.

오늘날 버크셔 해서웨이는 여러 기업을 거느린 거대한 우량 기업이다. 하지만 버핏이 매입한 시점의 섬유 기업이 성장한 결과는 아니다. 섬유 부문은 1981년에 270만 달러의 적자를 기록했다. 재건을 위해 자금을 투입하자고 주장한 임원도 있었지만 버핏은 의견을 듣지 않았다. 섬유 부문은 1985년에 문을 닫았다. 설비는 16만 달러에 매각했고 부지는 영세 공장에 임대했다. 그때 400명의 직원을 해고했다.

버핏의 능력으로도 버크셔 해서웨이라는 시대착오적인 섬유 회사는 변신시킬 수 없었다. 노동력, 시간, 노력을 잘못된 사안에 투입하는 것은 낭비에 불과하다.

무능한 경영자는 '자신의 수완만 있으면 된다'고 스스로를 과신한 나머지 병든 말을 선택한다. 하지만 훌륭한 기업으로 부활시키려고 쏟아부은 노력에 보상이 주어지는 일은 없다.

물론 아주 드물게 기적이 일어나기도 한다. 그런 경우는 경영자가 뛰어나든지, 아니면 그 기업이 해결 가능한 작은 문제만 안고 있을 때다.

버핏은 경영자의 자질을 중시하는 동시에 부지런히 기업 상태를 점검했다. 평범한 경영자라면 허약한 비즈니스를 다시 일으킬 수 없을 것이고, 뛰어난 경영자라면 재건에 필요한 능력과 시간을 허약한 비즈니스에 쏟아붓지 않는 편이 바람직하기 때문이다.

겁먹고 싸우지 않는 것이 용기 있게 싸우는 최선의 조건이다

나는 단골손님의 힘을 알고 있다.
장사를 오래 해서 단골이 생기면
아무도 그것을 바꿀 수 없다.

_스노볼

기업의 우수성을 부동산이나 현금, 증권처럼 눈에 보이는 자산만으로 측정할 수는 없다. 오랫동안 쌓아온 브랜드의 힘이나 신용처럼 숫자로 나타내기 어려운 요소야말로 우수성을 입증하는 진정한 토대다.

버핏은 이것을 1950년대 초 주유소를 샀을 때 피부로 느꼈다. 나중에 그는 자신이 실패한 사례를 꼽을 때 버크셔 해서웨이, US 항공에 이어 주유소를 세 번째로 거론했다. 이때 60억 달러를 손해봤다고 평가할 만큼 강렬하게 뇌리에 남은 실패 사례였던 듯하다.

무엇이 그토록 낭패였을까?

버핏이 구입한 것은 석유회사 '싱클레어Sinclair'의 주유소였다. 그 옆에는 석유회사 '텍사코Texaco'의 주유소가 있었다.

버핏은 할아버지인 어네스트 버핏이 경영하는 식료품점의 일손을 돕던 무렵부터 육체노동을 아주 싫어했다. 그럼에도 주말에 주유소에서 일하면서 웃는 얼굴로 자동차의 앞 유리창을 닦았다. 손님을 모으려고 열심히 노력한 것이다.

하지만 아무리 해도 경쟁자였던 텍사코를 이길 수 없었다. 운전자는 다들 텍사코 쪽으로 갔다.

오랫동안 그 지역에서 기반을 닦은 텍사코의 점주는 꽤 호평을 받았다. 그런 경쟁자가 바로 옆에 버티고 있는 주유소를 매입한 것 자체가 어리석었다.

주유소의 매출은 매달 떨어져만 갔다. 결국 주유소를 남에게 넘겼을 때 2,000달러의 손실을 떠안았다. 당시 2,000달러는 그에게 거금이었다.

고객의 신뢰나 브랜드의 힘은 하루아침에 얻어지지 않는다. 오랜 세월 쌓아올려야 한다. 그렇기 때문에 일단 자리를 잡으면 기반을 무너뜨리는 일도 별로 없다.

버핏은 브랜드의 힘이 강력한 기업에 마음이 기울었다.

예를 들어 아무리 값이 싸더라도 발렌타인 데이나 결혼기념일에 이름 없는 초콜릿을 사는 사람은 없다. 가격이 비싸더라도 잘 알려진 상품을 선택한다. '비싼 값을 치루더라도 구입 가치가 있는 상품'이 브랜드 가치가 있는 것이다. 이 브랜드 가치가 경쟁자를 물리치는 경쟁력을 낳는다.

주유소를 통해 뼈아픈 경험을 한 버핏은 코카콜라의 주식을 산다.

- 세계 최강 브랜드의 힘을 가지고 있다.
- 적정 가격으로 상품을 제공한다.
- 소비자 평판이 좋다.
- 일인당 소비량이 모든 나라에서 매년 증가한다.

이런 점에서 코카콜라만큼 우수한 상품은 없다고 버핏은 생각했다. 1,000억 달러라는 값을 치를지언정 세계 소프트드링크 업계에서 일등 자리를 빼앗길 리 없다고 판단했던 것이다. 예전에는 그도 펩시콜라를 즐겨 마셨지만 그때부터 코카콜라의 체리 코크를 마시기 시작했다.

강한 기업이란 어떤 기업인가? 이 물음에는 다양한 대답이 있을 수 있겠다. 하지만 버핏은 코카콜라처럼 강력한 브랜드의 힘을 가진 기업을 강한 기업이라고 여겼다.

배우자는 건강함으로, 회사는 견실함으로 선택한다

바보도 경영할 수 있는 기업을 찾아라.
언젠가 그런 인간이 경영자가 될 테니까.

_워렌 버핏의 투자 격언

경영자의 최대 문제는 언젠가 반드시 은퇴하는 날이 온다는 것이다.

1960년대 후반 버핏은 어소시에티드 리테일 스토어즈Associated retail stores를 매수했다. 기업의 질도 좋았지만 무엇보다도 경영자 벤저민 로스너Benjamin Rosner의 수완과 열의가 남달랐기 때문이다.

버핏이 선호하는 프로페셔널 경영자 벤저민 로스너는 기업을 맡기기만 하면 성과를 올릴 것이라고 확신했다. 실제로 20년 동안 그는 버핏을 위해 연간 200만 달러를 벌어주었다.

그러나 그도 은퇴할 시기를 맞이했다. 그는 후계자에게 사업을 물려주었지만 그 일은 실패했다. 수완과 열의가 부족한 후계자 때문에 회사는 심각한 경영난에 빠졌다. 버핏은 결국 이 회사를 겨우 50만 달러에 매각할 수밖에 없었다.

버핏은 회사의 매각을 몹시 꺼린다. 비록 평균에 못 미쳐도 어느 정도 현금을 벌어들이고 노사 관계가 원만하다면 매각하지 않는다. 그렇지만 그때는 아무래도 사정이 여의치 않았다.

로스너는 사업에 정열을 쏟아부었을 뿐 아니라 여러 가르침을 베풀어주었다. 그런 사람이 애써 키워놓은 회사였지만 버핏은 쓰라린 결단을 내릴 수밖에 없었다.

이렇게 쓰라린 결단을 경험하지 않기 위해서는 바보가 경영해도 꿈쩍하지 않을 튼튼한 기업을 찾아야 한다.

코카콜라가 좋은 사례다.

1980년대 후반 코카콜라의 주가는 펩시콜라와 치열한 경쟁을 벌인 탓에 1주에 38달러까지 내려갔다. 코카콜라의 기업 가치를 냉정하게 계산한 버핏은 국채에 투자하기보다 코카콜라의 주식을 사는 편이 리스크를 피하고 이익을 올릴 수 있다고 판단했다. 그는 곧바로 주식을 사모으기 시작했다.

코카콜라도 자사 주식을 사들이고 있었다. 그래서 매일 코카콜라와 버핏이 거래액의 절반씩 매입하는 상황이 이어졌다. 1989년 버핏이 코카콜라의 주식을 사들이고 있다고 알려졌을 때는 이미 전체의 6퍼센트, 12억 달러어치가 그의 손에 들어온 상태였다.

"장기 보유할 가치가 있는 상품인지가 중요합니다."

코카콜라가 주식을 공개한 1919년에 최초의 주식 가격은 40달러였다. 만약 코카콜라의 주식을 계속 보유하면서 배당금을 전부 재투자했다면 1992년에 180만 달러의 가치가 되었을 것이라고 한다. 전쟁과 대공황, 생활양식과 세계 정세의 격변을 다 극복하고 코카콜라의 주식 가격은 훌쩍 올랐다.

시대의 변화를 뛰어넘어 계속 강세를 이어갔다는 점에서 코카콜라야말로 '꿈쩍도 하지 않는 기업'의 대표라고 할 만하다.

빌 게이츠 등과 버핏이 나눈 대화를 보면 코카콜라는 바보라도 경영할 수 있을 뿐 아니라 '햄 샌드위치도 경영할 수 있다'고까지 말한다. 그만큼 브랜드의 힘, 경쟁력, 조직 등을 두루 갖추고 있다는 말이다.

코카콜라 주식은 버핏의 기대대로 계속 가치가 상승했다. 그 결과 매입한 지 10년 만에 12억 달러에서 130억 달러까지 가격이 치솟았다.

물론 모든 일이 순조롭지는 않았다. 1997년부터 CEO가 차례로 바뀌는 동안 온갖 문제가 일어났다. 어린이의 건강을 해친다는 점을 비롯해 판매 실적 부풀리기, 회계 조작 같은 심각한 문제였다.

주가는 50달러까지 하락했다. 버크셔 해서웨이도 무사하지는 못했다. 그러나 이런 문제를 다 겪고 코카콜라는 부활했다. 실로 '꿈쩍도 하지 않는 기업'이었다.

여기에서 버핏이 보여주는 사고의 변천을 살펴보자.

◦ 유형의 자산만 보았다.

- 경영 능력이나 브랜드의 힘, 경쟁력 같은 무형의 자산에도 주목했다.
- 뛰어난 경영자가 있는 우수한 기업을 싼값으로 살 수 있다는 조건에 주목했다.
- 경영자의 잘못이나 격심한 환경을 견뎌내고 부활할 수 있는 힘이 강한 기업이야말로 이상적이라고 생각했다.

새로운 아이디어를 내는 것보다 낡은 사고를 버리는 것이 어렵다고 한다. 위에서 버핏이 다양한 경험을 통해 낡은 사고를 버리고 새로운 사고의 단계로 진입했음을 알 수 있다. 찰리 멍거는 버핏을 가리켜 '학습 기계'라고 불렀는데 과연 그럴 만했다.

버핏의 학습은 책이나 자료를 읽는 것뿐 아니라 실패한 경험을 결코 잊지 않고 교훈으로 삼는 일이었다. 그가 위대한 성공을 이룩한 비결도 여기에 있다.

과거를 못 보면 미래를 잘못 읽어낸다

과거의 업적이 아무리 훌륭하더라도
변화에 대응하지 않고 기다리기만 한다면
파멸을 면치 못합니다.

_워런 버핏의 주주 서한

버핏은 어릴 적부터 독서광이었다. 도서관에서 손에 든 책은 첫 페이지부터 끝까지 그것도 서너 번씩 읽었다. 스승 벤저민 그레이엄의 책도 죄다 암기할 만큼 반복해서 읽었다.

버핏은 투자로 성공하려면 책과 입수한 자료를 철저하게 읽는 일이 필요하다고 역설한다. 하지만 한편으로는 독서만으로 해결할 수 없는 문제가 엄연히 있다는 점도 잘 알고 있었다.

자신의 실패 사례로 꼽는 US 항공US Airways은 원래 앨러게이니 항공Allegheny Airlines이라는 지방의 작은 기업이었다. 버핏은 1989년

이 회사의 우선주를 3억 5,000만 달러에 구입했다.

항공 업계는 일찍이 거의 요동치지 않는 우량 분야였다. 돈을 벌어 항공 회사를 사는 것이 부호가 되는 방법이라는 이야기가 나돌 정도였다. 게다가 US 항공은 오랫동안 고수익을 창출했고 경영자도 나무랄 데 없는 인물이었다.

하지만 버핏이 주식을 구입했을 때 항공 비즈니스는 이미 힘든 국면으로 기울기 시작했다. 높은 비용이 체질화되었기 때문이다.

예전에 항공 업계는 규제를 통해 가격 경쟁에서 보호를 받았다. 그러면 높은 비용을 높은 운임으로 상쇄할 수 있기 때문에 이익에는 영향을 받지 않는다. US 항공은 규제를 바탕으로 고수익을 창출했던 것이다.

규제가 완화되고 저가 항공 회사가 합류해도 원체 좌석 수가 적었기 때문에 종래의 항공 회사는 변해가는 사업 환경에 그다지 영향을 받지 않았다. 사실은 이 시점에 미래를 내다보고 비용 삭감을 모색했어야 한다.

그러나 US 항공은 그런 노력에 게을렀다. 버핏처럼 투자하는 사람이 있다는 데 마음을 놓고 개혁을 미루기만 했다.

이윽고 규제가 더욱 완화되고 가격 경쟁이 치열해지면서 고비용 체질의 US 항공은 당연히 경영이 힘들어졌다.

"역사가 모든 해답을 가르쳐준다면 포브스 400사는 모두 도서관 사서로 채워졌을 것입니다."

버핏은 고비용 체질을 싫어한다. 〈버펄로 이브닝 뉴스〉를 매수했을 때 으리으리한 사무실과 인쇄 공장을 둘러보고는 '신문사에 궁전은 필요 없다'며 그와 찰리 멍거는 신랄하게 비꼬았다. 또한 경비 삭감도 숨을 쉬듯 늘 주의를 기울여야 한다고 생각했다.

그런데도 과거 US 항공의 경우 그는 고수익에 마음을 빼앗겨 뻔히 일어날 변화를 간과하고 말았다.

과거의 업적만으로는 기업의 가치를 알 수 없다. 미래에 무슨 일이 일어날지 예측하고 성장 동력과 경쟁 능력을 검토하지 않는다면 참된 가치를 알 수 없다. 버핏은 이 교훈을 배웠다. 그리고 경영자에게는 미처 경험하지 못한 중대한 리스크를 꿰뚫어보고 회피할 수 있는 자질이 필요하다고 생각하기에 이르렀다.

운은 당신 뒤를 천천히 따라오므로
서두르면 운이 당신을 따라오지 못한다

몇 만 달러라는 회사의 주가에는 주목합니다.
그러나 그중 99.9퍼센트에는 관심을 쏟지 않습니다.
주가가 아니라 사업에 주목해야 합니다.

_워런 버핏의 오마하 성지 순례

투자자가 주가만큼 관심을 두는 사안은 없다.

주가가 폭락할 때 예전 TV 화면에는 주식 현황판 앞에서 고개를 푹 숙인 사람들의 모습이 자주 비쳤다. 오르락내리락하는 주가에 일희일비하는 사람은 셀 수 없이 많다.

버핏은 주가의 동향에 거의 관심을 두지 않는다는 점에서 이런 사람들과 차이가 난다.

버크셔 해서웨이의 주주총회에서 한 주주가 주식시장의 상황을 버핏에게 질문했다. 그때 그 자리에서는 웃음소리가 흘러나왔다. 버핏은 하루 또는 한 달 단위의 주식시장에 관심을 보이지 않는다는 것을 다들 알고 있었기 때문이다.

버핏은 나날이 변동하는 주가가 아니라 사업 내용을 본다. 즉 누가 경영하고 얼마나 수익을 올리느냐 하는 것만 고려한다.

그의 사고방식은 스승 벤저민 그레이엄에게 지대한 영향을 받았다.

그레이엄은 주가의 변동으로 이익을 얻는 방법은 두 가지라고 생각했다.

- 타이밍timing 수법. –시장의 움직임을 예상해 앞으로 주가가 상승할 것 같을 때 사고 하락할 것 같을 때 판다.
- 프라이싱pricing 수법. –가격이 원래의 실질가치 이하로 떨어지면 사고, 실질가치 이상으로 오르면 판다.

그리고 현명한 투자가라면 프라이싱 수법으로 만족할 만한 결과를 얻을 수 있다고 생각했다.

월가는 다르다. 주가 예측에 관심을 쏟아야 한다는 원칙에 고집스럽게 매달린다. 그들은 매입한 주식의 값이 오를 때까지 1년을 기다리겠다는 사고방식을 참아내지 못한다.

반면 현명한 투자가라면 1년쯤은 아무렇지도 않게 기다린다. 주식을 매각할 수밖에 없는 상황이라면 몰라도 그렇지 않다면 대개는 주가를 무시해도 별 문제없다.

그레이엄은 '미스터 마켓'이라는 유명한 비유로 이 점을 설명한다.

참견하기 좋아하는 미스터 마켓은 소유하고 있는 주식의 현재 가치를 매일 가르쳐준다. 그리고 때로는 그 가격에 사들여도 좋다는 둥, 동일한 단위 가격으로 지분을 나누어도 좋다는 둥 조언을 들려준다. 이렇게 잔소리가 심한 미스터 마켓에 어떻게 대응하면 좋을까?

무시해야 한다.

그레이엄은 투자가에게 주가 변동이 지닌 의미를 두 가지로 압축한다.

◦ 시세가 급락하면 실수 없이 주식을 산다.
◦ 시세가 급등하면 매각할 기회다.

그 밖의 경우는 배당금과 기업의 실적에 주의를 기울이는 편이 좋다.

"주식을 산 다음 날 바로 주식시장이 폐쇄되고 이후 5년 동안 거래가 이루어지지 않는 사태가 벌어진다 해도 나는 신경 쓰지 않습니다."

'투기꾼'은 주가의 변동을 예측해 이익을 얻기 위해 하루하루의 주가 변동에 시선을 집중한다. 하지만 '투자가'는 그런 일을 하지 않는다. 최대의 관심사는 적절한 기업의 증권을 적정 가격에 취득해 장기 보유하는 것이다.

주가를 이용하는 것은 상관없다. 그러나 주가의 장단에 놀아나서는 안 된다.

매일 주가의 움직임에 관심을 보이지 않는 버핏은 빌 게이츠가 컴퓨터를 들여놓으라고 권유해도 모른 척한다. 보유한 주식의 가격 동향을 5분 단위로 알 필요가 없기 때문이다.

경제와 금융 정보의 뛰어난 송신 시스템인 블룸버그 단말기에 대해서도 마찬가지다. 1990년대에는 많은 기업이 블룸버그 단말기를 채용했고, 버크셔 해서웨이도 3년 동안 계속 사들였다. 하지만 버핏은 시장의 움직임을 1분 단위로 좇아가는 것은 투자의 수법이 아니라는 이유로 블룸버그 단말기를 채용하지 않았다.

결국 채권 매매의 담당자가 구입했으나 버핏이 사용하는 일은 없었다고 한다.

토지의 전매로 이익을 올리려는 목적이라면 몰라도 오마하의 농장을 사려는 사람이 토지 가격만 따지지는 않을 것이다. 농장에서 수확할 수 있는 생산물의 양이 얼마나 되는지, 얼마나 시장 가치가 있는지 살펴볼 것이다. 그 가치가 구입 가격에 비해 높은지 낮은지가 살지 말지를 결정하는 기준이다.

버핏에게 주식 투자는 이와 비슷했다. 그가 기업의 장점에 주목하는 것은 당연했다.

리스크를 지지 않으면 이익도 없다

팀이 낸 성과에 따라 대가를 받을 권리가 있는 이는
팀에 전면적으로 책임을 지는 사람뿐입니다.

_워런 버핏의 주주 서한

리스크를 안고 보상을 얻는 것은 자본을 낸 사람뿐이다.

이는 버핏의 변함없는 신념이다.

여섯 살 때 작은 사업을 시작한 버핏은 열네 살 때 밑천으로 쓸 자금을 2,000달러 넘게 갖고 있었다.

그중 1,200달러로 농지 40에이커를 구입했다.

농사는 소작인에게 맡기고 이익을 소작인과 절반씩 나누었다.

5년 뒤 출자금이 두 배로 늘어나자 그는 빌려준 농지를 매각했다. 그러나 농지 매각으로 얻은 이익을 소작인에게 배분하지는 않았다.

버핏은 출자를 통해 자기 나름대로 리스크를 떠안았다. 이익이 나오면 다행이겠지만 늘 이익이 나온다는 보장은 없다. 토지 가격이 내려간다든가 하는 이익을 내지 못하는 사태가 벌어질 수도 있다.

이것이 바로 리스크이다.

리스크를 떠안았으니까 보상을 얻는 것은 당연히 자본을 낸 사람이어야 한다. 소작인은 리스크를 지지 않는다. 그는 땅을 갈고 농사를 지어 이익은 얻을 수 있을지언정 토지 매각 대금에서 자신의 몫을 챙겨갈 수 없다.

열다섯에 농장을 경영해본 버핏은 무릇 비즈니스란 그런 것이라는 사고방식을 갖고 있었다.

열렬히 좋아하는 야구에 빗대어 그는 이렇게 말한다. 타율 3할 5푼의 타자는 비록 팀 순위가 최하위로 떨어진다고 해도 타율에 상응하는 보수를 받을 수 있다. 하지만 1할 5푼밖에 안 되는 타자는 비록 팀이 우승을 거둔다고 해도 낮은 타율에 상응하는 보수를 받을 수밖에 없다.

버핏은 이후에도 이 원칙을 바꾸지 않았다.

"재능이 있는 사람에게 대가를 지불하는 것은 당연하다.
다만 특허권 사용료처럼 매번 지불해서는 안 된다."

〈버펄로 이브닝 뉴스〉를 매수할 때에도 그랬다. 버핏은 경쟁 상대인 〈커리어 엑스프레스〉의 소송으로 오랫동안 법정 싸움을 벌여야 했다. 또 파업으로 신문 발행을 중지할 수밖에 없는 괴로움도 맛보았다.

버핏은 단호한 자세로 노동조합의 양보를 이끌어내고 드디어 〈커리어 엑스프레스〉를 밀어냈다. 〈커리어 엑스프레스〉의 발행 중지를 통해 〈버펄로 이브닝 뉴스〉는 승리했지만 그때까지 누적 적자는 1,200만 달러에 이르렀다.

이후 〈버펄로 이브닝 뉴스〉는 막대한 이익을 낳기 시작했다. 그러나 버핏은 그 이익을 사원에게 분배하지 않았다.

이 일에 사원들이 충격을 받았지만 버핏에게는 당연했다.

그는 〈버펄로 이브닝 뉴스〉에 3,500만 달러를 쏟아부었다. 만약 도산하면 그 돈은 날리고 만다. 그만큼 리스크가 컸던 것이다. 위기를 극복한 사람은 틀림없이 버핏이었다.

이익을 얻어가는 주체는 자본을 내고 리스크를 떠안은 사람뿐이다. 리스크를 떠안지 않고 공헌도 하지 않은 사람은 비록 회사의 실적이 호전되더라도 정해진 급여 이외의 보수를 받지 못한다.

비정하게 보일지는 모르지만 이것이 버핏의 사고방식이었다.

리스크, 책임, 실적 이 세 가지를 다 갖추어야 높은 보수를 받을 수 있다. 이 기준이 명쾌할수록 강한 기업이다.

Warren Buffett

법칙 5

일확천금을 노리지 않는다

'당연함'이 부를 낳는다

정보를 다루는 버핏의 기술을 배우자.

무엇을 읽는가?

“점찍어둔 기업의 연차보고서를 읽고,

다음으로 경쟁 회사의 연차보고서를 읽는다.

이것이 주요한 정보원이다.”

어떻게 선택하는가?

“매출 1,000만 달러에 이익률 15퍼센트인 회사 A와 매출 1억 달러에 이익률 5퍼센트인 회사 B가 있다면 난 A를 선택할 것이다.”

무엇을 의심하는가?

“지나치게 싸다고 주가가 소송을 걸어올 정도가 아니라면

아주 싼 주식이라고 말할 수 없다.”

어디에서 정보를 얻는가?

“우체국 배달이 3주일이나 늦게 도착하는 시골에 사는 편이

더 뛰어난 운용 실적을 남길지도 모른다.”

어떻게 행동하는가?

“할 만한 가치가 없는 것이라면 잘할 가치도 없다.”

어떻게 자신을 아는가?

“포커를 시작한 지 20분이 지나도 누가 봉인지 모른다면

바로 그 사람이 봉이다.”

Warren Buffett

기회와 그림은
조금 떨어져서 봐야 잘 보인다

쓸데없는 잡음이 들어오지 않기 때문에
눈앞에 있는 종목에 신경을 집중할 수 있다.

_워런 버핏의 투자 격언

버핏은 인생의 대부분을 미국 중부의 네브래스카 주 오마하에서 지냈다. 월가가 있는 뉴욕에서는 거의 살지 않았다. 버핏이 오마하에서 파트너십을 가동한 1950년대에는 이런 사람이 아주 드물었다고 한다.

뉴욕 이외의 지방 도시에도 중소 증권사가 있었다. 하지만 대체로 뉴욕에서 날아오는 정보를 바탕으로 주식을 매매했다. 투자를 생업으로 삼으려는 사람이 뉴욕이 아닌 곳에 산다는 일은 있을 수 없는 선택이었다.

그런데도 버핏은 1954년부터 1956년까지 재직한 그레이엄 뉴먼을 퇴사하는 동시에 뉴욕을 떠나 어릴 적부터 살아온 오마하로 돌아왔다.

그레이엄 뉴먼에서 근무한 시절은 실로 풍성한 결실을 맺었다. 빛나는 성과를 올렸고 벤저민 그레이엄의 후계자로 지목받았다.

그렇지만 뉴욕의 생활 자체는 결코 편안하지 않았던 것 같다. 매일 전철을 타고 이동하는 데에 진저리를 쳤다. 버핏은 이렇게 혼잡한 뉴욕에 살고 싶지 않았다.

도시의 자극을 계속 견뎌야 한다면 머리가 이상해질지도 모른다고 말할 만큼 그는 뉴욕과 궁합이 맞지 않았던 듯하다.

원래 버핏이 오마하가 아닌 다른 곳에 마음을 붙이지 못한 것은 뉴욕이 처음은 아니었다. 아버지가 하원의원에 당선되어 가족이 워싱턴으로 이사 갔을 때도 그랬다.

열두 살이었던 버핏은 워싱턴에 살면서 오마하의 학교에 비해 학력 수준이 떨어진다는 점, 아르바이트를 하던 빵집에서 거의 아무런 능력도 발휘할 수 없었다는 점에 불만을 품었다. 그래서 부모님에게 알레르기 때문에 잠을 잘 수 없다고 꾀병을 부렸다. 할아버지에게도 편지를 보내 괴로운 심경을 토로했다.

할아버지는 아들 내외에게 "그 애를 오마하로 보내라. 대체 애를 얼마나 망칠 생각이냐?" 하는 답장을 보냈다. 그 덕분에 버핏은 혼자 오마하로 돌아올 수 있었다. 정치의 중심지 워싱턴도, 경제의 중심지 뉴욕도 그에게는 평안을 주지 못한 셈이다.

오마하에 살겠다는 결단은 버핏에게 유리하게 작용했다.

"우리는 매일 8시간에서 10시간을 읽거나 생각했습니다."

버핏의 친구는 오마하보다 뉴욕이나 캘리포니아에 많았다. 그러나 오마하는 깊이 있는 사유가 가능한 환경이었다는 점에서 유리했다.

- 오마하는 어릴 적부터 살아온 고향이라는 점. -변화를 리스크라고 생각하는 버핏에게 고향은 더할 나위 없이 안정감 있는 장소였다.
- 월가에서 떨어져 있다는 점. -월가에는 수많은 정보가 모여든다. 열광적인 분위기를 원하는 사람은 월가를 좋아하겠지만 열광의 상태는 종종 냉정하게 사고하는 힘을 뺏는다.
- 적절한 수준의 도시라는 점. -오마하는 네브래스카 주의 최대 도시다. 인프라가 부족하지 않을 정도로 정비되어 있다.

1998년 세계 금융시장은 아시아의 통화 위기와 미국의 금융회사 롱텀 캐피털 매니지먼트Long-Term Capital Management, LTCM의 붕괴 등으로 격심한 혼란에 빠졌다. 그때도 버핏은 혼란한 상황에 휘말리는 일을 모면했다. 언제나 그렇듯 찰리 멍거와 매일 8~10시간씩 정보를 읽고 생각을 거듭하면서 위기를 기회로 바꿀 방법을 모색했다.

여기에는 그의 스타일이 눈앞의 주가 등락에 관심을 두지 않은 덕분도 있겠지만 오마하에 거주한다는 점도 적잖이 작용했을 것이다.

오마하는 뉴욕에 비해 정보와 사람의 움직임이 조용하다. 이곳에서 버핏은 사색하는 데에 긴 시간을 들였다. 사람도 자주 찾아오고 파티나 행사에 초대받는 일도 빈번한 뉴욕이었다면 시간을 쓰는 양상이 꽤나 달라졌을 것이다. 적어도 하루에 10시간 동안 조용히 책을 읽고 생각하는 일은 불가능했을 것이다.

벤저민 그레이엄과 마찬가지로 버핏도 투자에는 지적 노력이 필요하다고 생각한다.

맨해튼에 있는 컬럼비아 대학에서 학생 시절을 보내고 그레이엄 뉴먼에서 근무한 버핏은 지적 노력을 기울이는 데에 뉴욕이라는 도시는 적당하지 않다고 판단했다.

버핏은 오마하에서 지적 노력을 기울인 덕분에 세계 최고의 투자가가 되었고, 사색의 시간을 충분히 확보한 덕분에 방대한 식견을 쌓아 '오마하의 현인'이라고 불렸다.

성공은 켜켜이 쌓인 노력의 산물이다

투자는 힘을 쓰는 노동이 아니다.
다른 사람보다 곱절 더 자료를 읽고 생각해야 한다.

_워런 버핏의 오마하 성지 순례

'하이 리스크-하이 리턴, 로우 리스크-로우 리턴'이라는 말이 있다. 투자를 통해 얼마나 이익을 올릴 수 있느냐는 그 사람이 얼마나 리스크를 떠안을 수 있느냐에 따라 정해진다는 사고방식이다.

투자가가 기대할 수 있는 수익률은 대개 그 사람이 얼마나 리스크를 감당할 각오가 있느냐와 비례한다. 리스크가 두려워 리스크가 없는 것만 원한다면, 밑천을 절대로 지키고 싶다면 투자 대상은 한정된다.

한편 리스크를 두려워하지 않고 투자할 수 있다면 실패할 위험도 있지만 성공하면 커다란 보상(리턴)을 손에 넣을 수 있다. 투자도 그렇고 비즈니스도 그렇고, 리턴이 리스크에 비례한다는 것은 웬만큼 상식이라고 할 수 있다.

이러한 사고방식에 의문을 드러낸 사람이 벤저민 그레이엄이다. 그는 리스크의 많고 적음이 문제가 아니라 투자할 때 기울이는 '지적 노력'이 이익의 많고 적음을 좌우한다고 생각했다.

이런 생각은 버핏도 가졌다.

버핏은 아주 이른 시기부터 투자에 엄청난 지적 노력을 기울였다. 열 살 즈음부터 도서관에서 '금융'이라는 말이 붙은 책을 모조리 읽었고, 대학 시절이나 회사에 근무하던 때에도 독서를 게을리 하지 않았다.

컬럼비아 대학에 다닐 때 버핏은 그레이엄의 가르침을 참고하면서도 자신의 생각을 발전시키기 위해 대학 도서관에 틀어박혀 옛날 신문을 몇 시간이나 뒤적이며 읽었다.

비즈니스와 주식시장에 관한 기사뿐 아니라 역사, 사소한 일상에 관한 기사, 광고도 읽었다. 아무리 읽고 또 읽어도 그는 만족하지 않았다고 한다.

신문뿐 아니라 '무디스 매뉴얼Moody's Manual'과 '스탠더드 앤드 푸어스Standard & Poor's Manual 매뉴얼' 등도 몇 시간씩 앉아 읽었다. 버핏이 노력하는 모습을 지켜본 친구들은 도대체 잠은 언제 자느냐고 혀를 내둘렀다고 한다.

"기회는 분야에서 생겨나지 않습니다. 두뇌에서 생겨납니다."

버핏은 사회에 나와서도 자료를 읽는 노력을 계속했다.

아버지 회사인 버핏 포크에 다닐 때는 1만 페이지나 되는 '무디스 매뉴얼'을 한 페이지도 빠짐없이 두 번씩 읽고 지식을 쌓은 다음 사야 할 주식을 골랐다.

그레이엄 뉴먼 회사로 옮긴 다음에는 무디스와 스탠더드 앤드 푸어스를 직접 찾아가기도 했다.

또한 버핏은 증권거래위원회(SEC)의 서류를 보기 위해 직접 SEC를 찾아가기도 했다. 그곳에 가야만 얻을 수 있는 서류를 손에 넣기 위해서라면 그는 어디라도 가리지 않고 달려갔다.

버핏은 이런 식으로 방대한 자료를 구석구석 훑다가 당시 투자 가능한 회사, 10,000달러에서 15,000달러를 투자해도 좋은 '엄청나게 값싼 회사'를 발견한다. 그리고 평균 연수의 몇 배에 해당하는 어마어마한 이익을 얻는다.

여기에서 우리는 그가 막대한 리스크를 짊어지고 이 일을 해냈다는 점을 주목해야 한다.

버핏은 투자하면 거의 확실하게 이익을 약속해주는 회사를 발견함으로써 성공을 거두었다. 물론 이를 위해서는 엄청난 에너지와 시간이 필요하다. 하지만 그레이엄이 말하듯 지적 노력을 들인 만큼 수익을 거둘 수 있기 때문에 노력하는 것 자체는 어려운 일이 아니었다.

투자 수익률은 지적 노력으로 정해진다는 것이 그레이엄과 버핏의 생각이다. 강조하건대 지적 노력이지 지능지수가 아니다. 지능지수가 높은 인간이 반드시 이긴다고는 말할 수 없다. 결국 지적 능력을 어디에 쓰는가, 얼마나 쓰는가에 따라 투자의 우열은 나뉜다.

버핏은 금융공학 같은 복잡한 투자 전략을 구사한 것이 아니다. 거액의 대출금을 손에 쥐고 '하이 리스크, 하이 리턴'이라는 도박에 나선 것도 아니다. 유능한 컨설턴트를 고용해 조언을 구한 것도 아니다.

젊은 시절부터 엄청난 자료를 읽고, 때로는 직접 이야기를 들으러 가는 비상한 지적 노력을 계속했을 따름이다. 그리하여 사야 할 주식을 발견하는 안목, 신속하게 행동하는 용기, 거기에 자금이 결합하여 세계 제일의 투자가로 우뚝 선 것이다.

실천하지 않으면
1원도 얻을 수 없다

열 살 때 오마하 도서관에서
'금융'이라는 말이 들어간 제목의 책을
모조리 두 번씩 읽었습니다.

_워런 버핏의 오마하 성지 순례

버핏과 찰리 멍거는 보기 드문 독서가로 알려져 있다. 특히 멍거가 보기에도 버핏은 지독한 '공부벌레'였다고 한다.

그의 독서 습관은 어릴 적부터 몸에 밴 듯하다. 특히 어린 시절이나 젊은 날 '자극을 받은' 책에 나온 내용을 착실하게 실행했다는 점이 대단하다. 열아홉 살 때 읽었던 벤저민 그레이엄의 책은 평생의 지침으로 삼았고, 데일 카네기Dale Carnegie의 책도 사람과 교제할 때 지켜야 할 규칙이나 커뮤니케이션을 발달시키는 무기로 활용했다.

그 가운데 가장 일찍 자신의 인생을 결정지었다고 할 수 있는 책이 바로 열 살 때 도서관에서 찾아낸 F. C. 미네커F. C. Minaker의 〈백만장자가 되는 1,000가지 비밀One Thousand Ways to Make $1000〉이다.

버핏은 이 책에 사로잡혔다. 1,000가지 방법을 전부 활용하면 100만 달러를 벌 수 있다. 이 책과 만나기 전부터 그는 이미 조그만 사업을 벌여놓은 상태였는데, 이 책을 읽고 35세가 되기 전에 백만장자가 되겠다고 확신에 차서 말하기 시작했다.

이 책에는 풍부한 아이디어가 잔뜩 담겨 있다. 버핏이 가장 관심을 둔 것은 '복리'라는 발상이었다.

그는 생각했다. 1,000달러를 연리 10퍼센트의 복리로 운영하면 5년 만에 1,600달러가 되고, 10년이면 2,600달러가 된다. 25년 운영하면 18,000달러에 이른다.

자본금이 더 많다면 백만장자가 되는 일도 결코 헛된 꿈이 아니다. 더구나 이 책의 저자는 이렇게 말한다.

"자기 자신부터 시작하지 않으면 성공은 있을 수 없다. 돈을 벌려면 자기 자신부터 시작해야 한다."

대부분의 사람은 부자가 되고 싶어 하면서도 복권 당첨이나 도박으로 목돈을 쥐는 것처럼 자기에게 행운이 뚝 떨어지기를 바란다. 이렇게 남의 힘에 기대려는 자세로는 결코 성공할 수 없다.

그보다는 '자기 자신부터', 그것도 '당장' 시작하는 것이 필요하다. 1,000달러도 복리로 운영하면 25년 만에 18,000달러가 된다. 이만큼 설레는 꿈이 있을까.

"적은 돈이라도 좋으니 투자를 하십시오.
책만 읽어서는 안 됩니다."

대다수 사람은 이런 책을 읽으면 '과연 그렇구나' 하고 감복하고 이삼 일은 의욕이 넘치지만 1주일쯤 지나면 아무렇지 않게 잊어버린다. 한번 해볼까 싶다가도 '자신부터' 시작하려는 생각은 하지 못한다.

그러나 버핏은 달랐다. 복리로 운영할 수 있는 자본금을 마련하는 데에 매진했다.

고등학교에 들어갔을 무렵 버핏은 이미 어엿한 사업가였다. 신문 배달로 한 달에 175달러를 벌었다. 게다가 사용한 골프공을 닦아 새것처럼 파는 '버핏 골프볼즈'를 경영하는 한편, 우표 수집가를 대상으로 우표를 판매했다. 중고 핀볼 머신을 싸게 구입해 이발소에 들여놓고 점차 기계 대수를 늘려가는 방법으로 이익을 올렸다. 네브래스카의 농장에도 투자했다.

열아홉이 되었을 때 그가 저축한 돈은 9,800달러나 되었다. 이 돈은 버핏이 거대한 '스노볼'을 굴리는 원금이 되었다.

그는 일찍부터 눈덩이를 만드는 데에 착수했을 뿐 아니라 복리라는 사고를 견고하게 지켜나갔다. 보통 사람이라면 거들떠보지도 않을 이발 요금조차 장기간 그 돈을 복리로 운영하면 30만 달러가 될지도 모른다고 생각했다.

이것이 버핏의 몸에 밴 복리식 사고방식이다.

버핏은 뛰어난 독서가였지만 단지 책을 읽는 것만 목적으로 삼지는 않았다. 그는 투자가로서 성공하려면 무엇이 필요한가라는 질문에 '책을 읽는 것'이라고 대답했다. 나아가 거기에 한 가지 더 추가하기를 잊지 않았다.

그것은 액수가 적어도 좋으니까 투자를 하라는 것이었다.

책을 읽는 일도 필요하지만 책만 읽어서는 성공할 수 없다.

◦ 자신부터 시작하라.

◦ 당장 시작하라.

◦ 철저하게 계속하라.

독서가 버핏은 위의 세 가지 원칙을 지킴으로써 위대한 투자가의 길을 걸었다.

인생을 개척하려면
칼이 아니라 도끼를 쥐어야 한다

벤저민 그레이엄을 아는 사람은 많지만
그의 이론을 실행에 옮기는 사람은 적다.

_워런 버펫의 투자 격언

버핏이 세계 제일의 투자가가 되는 데에 벤저민 그레이엄이 미친 영향은 크다. 그레이엄의 〈현명한 투자자〉와 만나기 전에 그는 도서관에서 주식과 투자에 관한 책을 전부 읽었고, 그것도 서너 번이나 되풀이해서 읽었다.

하지만 〈현명한 투자자〉는 버핏에게 다른 책과 비교할 수 없을 만큼 충격을 안겨주었다.

그는 그 책을 몇 번이나 다시 읽었다. 그의 룸메이트는 열정적인 그의 모습을 보고 마치 신을 찾아낸 듯했다고 놀라움을 감추지 않았다.

버핏은 그레이엄이 가르치는 컬럼비아 대학 대학원에 진학하기 위해 그레이엄의 파트너이자 대학에서 입학 상담을 하던 사람에게 절실함이 묻어나는 탄원서를 보냈다.

탄원서 덕분인지 이미 마감이 지났는데도 버핏은 면접 없이 컬럼비아 대학에 입학할 수 있었다.

그는 그레이엄의 책과 만나 그의 손에 이끌리듯 컬럼비아 대학에 진학했고 투자의 세계로 발을 들여놓았다. 이후에도 버핏은 변함없이 그레이엄을 신봉했다.

버핏이 '그레이엄을 그대로' 실천한 것은 아니다. 어떤 비즈니스 이론도 몇 십 년이나 그대로 활용되는 일은 거의 없다. 몇 년 안에 사라지는 이론도 있고 수십 년 동안 살아남는 이론도 있다. 대부분의 이론은 다양한 수정이나 개선을 거쳐 명맥을 이어간다.

단 한 가지 진정 우수한 이론의 밑바탕에는 시대의 변화와 관계없이 보편성이 있다고 할 수 있다. 밑바탕에 있는 기본 사고방식은 어느 시대에도 통한다. 반면 그렇지 않은 부분은 시대의 변화에 따라 폐기되거나 모습을 바꾼다.

"기본 개념은 아무리 시간이 흘러도
폐기되거나 구닥다리가 되지 않는다."

그레이엄의 이론도 마찬가지였다. 찰리 멍거는 그레이엄의 저렴한 주식을 골라 매수하는 '담배꽁초 투자'나 극단적인 분산투자 사고는 시대착오라고 여겼지만 주가보다 내재적 가치를 중시하는 사고, 안전한 영역을 고수하는 사고는 지지했다.

버핏도 마찬가지였다. 일찍부터 극단적인 분산투자를 하지 않았고, 담배꽁초 투자로 쓰라린 실패를 거친 다음에는 우수한 기업을 적당한 가격에 사는 방식으로 전환했다. 하지만 그때도 그레이엄의 기본 사고방식만큼은 지켰다.

이러한 태도는 그레이엄의 이론을 신봉하는 사람들에게서 공통적으로 나타난다.

투자의 스타일은 다양하다. 언제나 100종류 이상의 주식을 보유하면서 분산투자의 원칙을 준수하는 사람도 있고, 그렇지 않은 사람도 있다. 하지만 근본적으로는 다음 두 가지다.

◦ 증권이 아니라 비즈니스를 산다.
◦ 시장 가격과 내재적 가치의 차이를 이용해 이익을 올린다.

이 점에서는 모두가 공통적으로 큰 성공을 거두었다.

그런데 버핏은 이토록 성공을 거둔 이론인데도 그레이엄의 이론을 실행하는 사람이 적었다고 말한다.

그레이엄의 이론은 세상에 나온 지 이미 오래다. 버핏이 그레이엄의 수법을 실천하기 시작하고 나서도 이미 60년이나 흘렀다. 그런데 버핏에 따르면 그레이엄의 가치투자는 일찍이 유행한 적이 없었을 뿐 아니라, 버핏의 방식을 아는 사람은 많지만 따라하는 사람은 아주 적다고 한다.

버핏은 그 이유를 꼬집는 투로 이렇게 말한다.

"그레이엄 유형의 가치투자는 유행한 적이 없다. 인간에게는 간단한 일을 까다롭게 만들기 좋아하는 성질이 있을 뿐 아니라 일이 제대로 풀리지 않으면 금세 새로운 이론을 추구한다. 그래서 속속 새로운 이론을 배워 실천하려는 경향이 있다. 오래된 이론은 단지 '낡았다'는 이유로 내팽개치기 십상이다."

그런데 근본을 이루는 것은 무엇인가? 참으로 보편적인 것은 무엇인가? 이것을 살피는 일이 중요하다. 열아홉에 그레이엄의 이론에 마음을 빼앗긴 버핏은 그의 이론을 수정해 나가면서도 근본 개념은 확고하게 지킴으로써 성공을 이루었다.

근본을 이루는 개념은 유행이나 시대의 변화와 무관한 법이다.

여러 일을 하고 싶은 사람은 아무것도 할 수 없는 사람이다

다른 사람의 어깨 위에 올라서는 일은
전혀 나쁘지 않다.

_**스노볼**

버핏이 세계 제일의 투자가로 불리는 거인이지만 처음부터 최고는 아니었다. 세계 제일이 되는 과정에서 거인에게 배우고 거인의 어깨 위에 올라서면서 독자의 투자 스타일을 확립한 것이다.

버핏이 최초로 주식을 선택한 근거는 '아버지의 추천'이었다. 하지만 벤저민 그레이엄을 만나고 난 뒤에는 주로 그의 영향을 받았다.

그레이엄 뉴먼 시절에 버핏은 '무디스 매뉴얼'이나 '내셔널 쿼테이션National Quotation'을 읽고 '말도 안 되게 값싼 회사'를 하나둘 발견했을 뿐이다. 그렇지만 당시 버핏은 그레이엄의 곁에서 그의 아이디어를 빌릴 수 있다는 것만으로 기뻐했다.

어떤 아이디어든 좋았다. 그레이엄의 아이디어에 편승해 그가 이끌어주는 대로 '말도 안 되게 값싼 회사'를 발견하고 그런 회사에 자금을 투자했다.

그중 하나가 트롤리버스Trolley Bus 회사의 유니온 노면 전차였다.

이 회사는 트롤리버스 116대와 작은 유원지, 장기국채 80만 달러, 현금 20만 달러, 거둬들이지 못한 버스표 96,000만 달러를 소유하고 있었다. 한마디로 이 회사에는 100만 달러를 넘는 자산이 있었다.

버핏이 계산한 바로 본래의 주가는 60달러 정도였지만 실제 매매 가격은 30~35달러였다. 이 회사의 주식을 산다는 것은 50센트를 넣으면 1달러가 나오는 슬롯머신을 굴리는 일과 마찬가지였다고 한다.

버핏은 지역 신문에 "주식을 팔고 싶은 사람은 버핏에게 연락하세요"라는 광고를 냈다. 또 대주주를 알 수 있는 일람표를 입수해 더 많은 주식을 사들이려고 했다. 나아가 유니온 노면 전차를 방문해 마크 더프를 직접 만나려고 했다.

예의 바르고 친절한 성품의 더프는 조만간 1주당 배당금 50달러를 지급할 예정이라고 버핏에게 알려주었다. 그는 1주에 30달러 선에서 주식을 구입했는데, 1주당 배당금을 50달러씩 받으면 주식을 매입한 본전을 찾을 뿐 아니라 20달러 전후의 차익까지 얻을 수 있었다.

주식으로 큰 이익을 얻으려면 주식을 살 당시의 가격보다 높은 가격에 팔 필요가 있다. 그런데 버핏은 충분한 자산 가치가 있는 값싼 주식을 구입한 덕분에 주식을 팔지 않고 보유한 상태로 '원금 + α'를 거두는 데 성공했다.

이때 버핏은 2만 달러의 이익을 올렸고, 그만한 거액을 단시간에 얻었다는 점에 만족했다고 한다.

"모든 것을 생각할 필요는 없다."

버핏은 그레이엄이라는 거인의 어깨에 올라타 투자가로서 성공을 거두었지만 거인은 한 사람 더 있었다. 바로 거든 와틀스Gurdon Wattles였다.

와틀스는 한 회사의 주식을 싼값에 사고, 그 회사로 다른 회사를 싼값에 사고, 그것으로 또 다른 회사를 싼값에 사는 수법으로 제국을 건설했다. 버핏은 와틀스의 방식이 아주 마음에 들었다.

버핏은 와틀스가 소유한 주식을 사들이는 등 오랫동안 그의 뒤를 이었다. 버핏의 사고방식은 '길은 단 하나뿐이다. 올라타야 한다'는 것이었다.

버크셔 해서웨이가 결국 와틀스의 엘트라Eltra Corp사와 닮은 꼴이 되어 갔다고 버핏은 말한다.

버핏은 그레이엄과 와틀스라는 거인의 어깨 위에 올라타 착실하게 성공을 거두었다. 그러나 버핏은 단순히 남의 뒤를 좇는 사람도, 단순히 편승한 사람도 아니었다.

그레이엄이 극단적으로 추진한 분산투자는 버핏의 방식이 아니었다. 그레이엄과 달리 버핏은 회사의 자산뿐 아니라 브랜드의 힘 등 눈에 보이지 않는 자산에도 큰 관심을 보였다.

꼭 투자의 세계가 아니어도 단순히 뒤쫓아가는 사람이 앞서가는 사람이나 기업을 앞지르기는 의외로 어렵다. 버핏이 그레이엄이나 와틀스를 능가할 수 있었던 것은 거인의 어깨 위에 올라타면서도 자신의 머리로 생각함으로써 앞을 향해 도약할 수 있었기 때문이다. 편승해도 좋고 뒤쫓아가도 좋다. '자신의 머리로 생각하기'가 가능하다면 사람은 아주 먼 곳까지 나아갈 수 있다.

돈은 투자에 사용하고,
시간은 자신에게 사용하라

당신이 가진 최고의 재산은 당신 자신입니다.

_워런 버핏의 오마하 성지 순례

버핏은 일찍부터 백만장자가 되기 위해 투자의 세계에 관심을 갖고 오로지 투자의 길을 걸어왔다. 반면 파트너인 찰리 멍거는 미시건 대학에서 수학을 전공한 다음 캘리포니아 공과대학에서 기상학을 배우는 등 이공학도가 되었고, 스물두 살 때 하버드 대학의 로스쿨에 들어가 변호사의 길을 걸었다.

당초에 멍거는 오마하로 돌아와 변호사를 개업하려고 했지만 풍요롭기는 해도 작은 도시인 오마하에서는 보람 있는 일을 마음껏 펼치기에 충분치 않다는 아버지의 권유를 받아들여 로스앤젤레스에서 변호사 사무실을 열었다.

로스앤젤레스에서 멍거는 어린 아들의 죽음과 이혼이라는 비극을 경험하지만, 배워야 할 것을 배우면 그것으로 충분할 뿐 후회하면서 시간을 낭비하지 않겠다는 신조 덕분에 다시 일어날 수 있었다.

멍거는 변호사 업무를 보는 동시에 부동산 사업과 투자에 손을 댔다. 버핏과 마찬가지로 그도 부자가 되는 꿈을 꾸었다. 그 이유는 버핏과 비슷했다. 돈 자체를 좋아한다기보다는 돈을 불리고 벌어들이는 일을 좋아했다.

드디어 여섯 살 터울로 오마하라는 같은 도시에서 태어난 멍거와 버핏은 매일 몇 시간이나 전화로 이야기하는 사이가 되었다. 버핏은 멍거에게 법률가보다 투자 전문가가 돼라고 권했다.

두 사람은 비즈니스에 강렬한 열정을 품고 있고, 독서와 사유하기를 좋아하며, 읽은 모든 자료에서 지식을 흡수하는 성격이었다.

멍거는 한 장소에 머무르지 않고 늘 새로운 도전을 시도하는 성격 탓에 버핏의 제안을 매력적이라고 느꼈다. 결국 두 사람의 콤비가 탄생했다. 그들은 자극을 주고받으며 각자 자신의 한계를 뛰어넘었다.

버핏은 멍거의 삶을 예로 들어 청년들에게 이렇게 충고한 적이 있다.

"자기에게 가장 중요한 고객은 자기 자신입니다. 자신을 위해 매일 한 시간씩 쓰십시오. 찰리 멍거도 이른 아침에 시간을 내어 건설이나 부동산 개발 관련 일을 했습니다."

"먼저 자신이 고객이 되고 나서 타인을 위해 일해야 한다.
하루 한 시간은 자신을 위해 쓰야 한다."

버핏은 자신에게 투자하는 일이 가장 중요하다고 말한다.

그는 평생에 한 번 손에 넣을 수 있는 자동차에 자신을 비유한 적이 있다.

열여섯 살이 되었을 때 정령이 나타나 '무엇이든 마음에 드는 자동차를 공짜로 주겠다'고 말한다. 할부금도 없고 마음껏 탈 수 있다.

그런데 그 자동차에는 하나의 조건이 붙어 있다.

바로 평생의 마지막 자동차가 될 테니까 죽을 때까지 타야 한다는 것이다. 이런 자동차가 생긴다면 당신은 어떻게 할 것인가? 이것이 버핏이 던진 질문이다. 그의 대답은 이러했다.

◦ 취급 설명서를 다섯 번 읽는다.
◦ 줄곧 창고에 넣어둔다. -간직하고 있으면 찌그러지지도 않고 흠도 생기지 않는다. 사용할 때만 집중적으로 타면 된다.
◦ 녹이 슬면 바로 깨끗이 닦는다. -평생 계속 타야 하니까 소중하게 관리해야 한다.

두뇌와 육체는 하나밖에 없다. 우리는 그것을 평생 사용해야 한다. 소중하게 여기지 않으면 40년 뒤의 자동차와 마찬가지로 녹슬고 낡을 것이다.

유지에 시간을 들여야 한다. 단 한 시간이든 두 시간이든 갈고 닦는 일이 중요하다.

'당신의 최고 재산은 무엇인가?'라는 질문에 '내 자신'이라고 대답할 수 있는 사람은 적다. '당신에게 가장 중요한 고객은 누구인가?'라는 질문에 '내 자신'이라고 대답하려면 상당한 용기가 필요하다.

그러나 버핏과 멍거는 이런 물음에 '내 자신'이라고 당당하게 대답했기 때문에 힘껏 자신을 연마했다. 좋은 습관을 들이기 위해 노력하고, 입수할 수 있는 모든 자료를 읽고, 자신의 머리로 생각하는 훈련을 거듭했다.

호화로운 저택에 살기 위해서도, 페라리를 타기 위해서도 아니었다. 자립하는 자기 자신을 확립하기 위해서였다. 버핏이 말했듯 자신을 위해 얼마만큼의 시간을 들일 수 있느냐, 얼마만큼의 노력을 자신에게 기울일 수 있느냐가 중요하다.

세상에는 중요한 것이 많다. 하지만 가장 중요하게 여겨야 하는 것은 말할 것도 없이 자기 자신이라는 존재다.

자신을 소중하게 여기고, 자신을 갈고 닦으며, 매일같이 자신의 향상을 위해 노력해야 한다.

Warren Buffett

법칙 6

패배자가 적은 승리 방식을 취한다

'나눔'이 부를 낳는다

매년 열리는 자선 경매에서는

버핏과 점심을 먹을 기회를 입찰에 부친다.

낙찰가는 무려 2003년 2억 원, 2006년 5억 원, 2008년 A씨가

16억 원에 그 기회를 거머쥐었다.

거액의 낙찰가 때문에 A씨는 웃음을 샀다.

하지만 그는 자신이 주식을 갖고 있는 회사 B에 대해

버핏과 의논하고 싶다고 공언했다.

점심 식사 후 이름 없던 회사 B의 주가는

하늘 높은 줄 모르고 솟구쳤다.

A의 행동은 자선의 기본 원칙을 어겼지만 버핏에게는

주가를 순식간에 움직이는 힘과 권위가 있다는 것이 밝혀졌다.

다만 버핏 본인은 세간의 소동에 개의치 않고 이렇게 말했다.

"갖고 있어서 다행이라고 여겨지는 주식만 사야 합니다."

Warren Buffett

돈을 다 쓰는 사람은 운도 다 써버린다

번 돈보다 적게 소비하는 것은
본질적으로 미래에 이용할 수 있는
'보증서'를 모아두는 일입니다.

_스노볼

'오마하의 현인' 버핏의 인간 됨됨이는 무엇보다도 절제에 바탕을 두고 있다.

미국 부호는 왠지 탐욕스럽게 돈을 벌어 보란 듯이 쓴다는 이미지를 풍긴다. 특히 월가에서 일하는 사람이 그렇다. 하지만 버핏의 생활은 그런 이미지와 거리가 멀다.

예를 들어 도산의 위기에 처한 솔로몬 브라더스의 임시 회장에 취임했을 때 그는 연봉 1달러에 일하겠다고 선언했다. 투자가로 보이지 않는 말에 사람들은 놀랐지만 그는 실제로 검은색 회사 자동차가 아니라 직접 택시를 잡아탔다. 또 임원들이 두툼한 스테이크를 썰어 볼이 미어져라 입에 넣고 씹고 있는 옆에서 햄 샌드위치와 코카콜라를 먹었다.

생활 자체가 간소했다. 그는 젊을 때 겨우 31,500만 달러에 구입한 교외의 주택에서 살았다. 거액의 자산을 보유한 세계 최대의 투자 회사인 버크셔 해서웨이의 CEO 겸 회장인데도 이렇다 할 고액의 연봉을 받지 않는다.

유일하게 부자답게 보이는 점이라면 전용 제트기를 타고 이동한다는 것이다. 제트기를 도입할 때도 그는 부끄럽다는 듯 주위에 장황하게 해명을 늘어놓았다.

이렇게 절제하는 생활방식은 버핏 집안에 대대로 내려오는 전통 같은 것이었다.

17세기 프랑스에서 미국으로 건너온 버핏 집안의 조상 존 버핏 이래 몇 세대를 내려와 시드니 호먼 버핏이 오마하에 이주해온 것은 1867년이었다.

남북전쟁이 끝나고 대륙 횡단철도가 미국의 동서 양끝을 이으려는 계획을 실행에 옮기는 동안 에이브러햄 링컨 대통령은 오마하가 전국 철도의 요충지가 될 것이라고 선언했다.

시드니 호먼 버핏은 오마하에서 첫 식료품점을 열었다. '장사는 적당히 벌어 만족해야 한다. 빨리 부자가 되려고 해서는 안 된다'는 원칙을 지킴으로써 그는 가게를 번성시켰다.

그의 아들 어네스트 버핏도 독립하여 자신의 식료품점을 열었다. 이때 버핏의 아버지 하워드 버핏이 태어났다. 자신의 집안을 가리켜 버핏은 딱 중산층 자체라고 평한다. 막대한 유산을 남겨준 사람은 없지만 아무것도 남겨주지 않은 사람은 없다고 자랑스럽게 말한다.

"번 돈은 다 쓰지 않고 언제나 일부를 모아두었다.
그래서 언제나 일이 잘 풀렸던 것이다."

버핏은 자신이 행운을 누렸다고 생각한다. 집안에서는 오순도순 재미난 이야기가 오갔다. 지적인 부모는 그를 좋은 학교에 보내주었다. 재산을 물려받지는 않았지만 태어난 곳과 시대가 훌륭했다고 술회한다.

특히 '쓰는 돈을 버는 돈보다 적게 하라!'는 절약과 간소함의 가르침은 참으로 큰 은덕이었다. 지금은 사라져 찾아볼 수 없는 미국의 전통 사고방식이다.

예컨대 옛 미국인의 본보기를 대표하는 벤저민 프랭클린은 확실하게 성공하고 싶다면 공부와 검약의 덕목이 필요하다고 역설한다. 근면하게 돈을 벌어도 절약할 줄 모른다면 한 푼도 남길 수 없기 때문이다.

'부엌이 사치스러우면 유언장이 빈약하다.' '먼지도 쌓이면 산이 된다.' '얻을 수 있는 것은 다 얻어라! 얻은 것은 놓치지 마라. 이것이야말로 납을 황금으로 바꾸는 비결이다.' 그가 입버릇처럼 들려준 말이다.

이런 사고방식은 집안의 생활 태도를 통해 버핏에게 전해졌다.

만약 그가 검소하고 소박하기만 했다면 집안의 다른 사람들처럼 약간의 유산밖에 남기지 못했을지도 모른다. 그러나 그에게는 '얻은 것을 놓치지 않을' 뿐 아니라 '얻은 것을 크게 불리는' 재능이 있었다.

그의 사고방식 한가운데에는 '투자란 소비를 미루는 것이기도 하다'는 확고한 금전관이 자리 잡고 있다.

그는 지금 가진 돈을 소비하는 것이 아니라 투자를 통해 돈을 늘리고 더욱 불림으로써 돈을 쓰고, 돈을 주고, 돈을 남기는 일을 생각한다.

무엇보다도 소비를 우선시하는 오늘날의 미국 사회를 볼 때 버핏의 사고방식은 특이하게 보인다. 그러나 이러한 사고방식이야말로 미국의 전통 사고방식이었고 미국을 강대국으로 성장시킨 토대였다.

버핏의 인망이 두터운 이유에는 여러 가지가 있겠지만 사람들이 그를 미국의 전통을 상징하는 인물로 여긴다는 사실도 틀림없이 하나의 요소로 작용할 것이다.

나눔은
승리 방식의 하나다

파트너들과 테이블의 같은 쪽에 있으면서
모든 사람이 사정을 알도록 하고 싶었다.

_스노볼

버핏은 26세에 오마하에서 파트너십을 설립했는데 그전에는 아버지 회사인 버핏 포크와 벤저민 그레이엄의 회사 그레이엄 뉴먼에서 근무했다.

대학 졸업 후 오마하로 돌아와 주식 브로커가 되려는 버핏을 보고 아버지는 자신의 회사에 들어오게 하려고 마음먹었다. 하지만 그전에 지역의 명문 커크패트릭 베티스Kirkpatrick Betis Company사에 면접을 보라고 권했다. 일류 주식 브로커란 어떤 존재인지를 아들에게 가르쳐주고 싶었기 때문이다.

그러나 버핏이 보기에 사장 스튜어트 커크패트릭은 자신과 생각이 다른 인물이었다. 면접 때 버핏은 '현명한 고객'을 찾으려 한다고 자신의 생각을 말했다. 하지만 커크패트릭은 현명한지 아닌지는 문제가 아니며 돈을 갖고 있는지 아닌지가 중요하다고 단언했다.

이 말을 들은 버핏은 아버지 회사에서 일할 것을 결심한다.

커크패트릭의 발언은 어떤 의미로 주식 브로커에게 공식과도 같았다. 주식 브로커의 업무는 주식의 매매로 수수료를 버는 일이다. 버핏이 말한 '현명한 고객', 즉 사물을 제대로 이해하는 고객보다는 주식 브로커가 권하는 대로 주식을 대량으로 자주 매매하는 고객이야말로 '좋은 고객'인 것이다.

아버지 회사에서 버핏이 맡은 업무도 주식 브로커였다. 버핏은 나중에 그 일에 늘 거부감을 느꼈다고 말했다.

그는 당시에도 '투기'가 아니라 '투자'야말로 올바른 방식이라고 생각했다. 그래서 가족이나 친지에게 잦은 매매를 권하지 않았고 우량 주식을 오래 보유하라고 조언했다.

이런 식으로는 주식 브로커의 비즈니스가 성립하지 않는다.

주식을 매매해야 수수료가 들어온다. 만약 주식을 장기적으로 보유하는 '현명한 고객'만 있다면 주식 브로커는 도대체 어떻게 수수료를 벌 수 있다는 말인가.

고객과 이해관계가 상충한다는 점 때문에 고민에 빠진 버핏은 주식 브로커가 아니라 파트너십을 세워 고객과 이익을 공유하고 고객과 더불어 자산을 운영하고 싶었다.

"내가 좋다고 생각하지 않거나 가지고 있지 않은 주식은 절대로 남에게 팔고 싶지 않았다."

그레이엄은 증권 세일즈맨에 대해 대다수는 신용할 수 있고, 상당한 지식이 있으며, 엄격한 규칙 아래 업무를 수행한다고 전제한다. 그렇지만 업무의 성격상 투기의 경향을 벗어나기는 힘들다고 지적한다.

따라서 증권 세일즈맨을 대할 때는 투기가 아니라 투자를 원한다는 점을 확실하게 해둘 필요가 있다. 이 점을 이해한다면 그들도 협력해줄 것이라고 충고한다.

버핏의 생각도 같았다. 그러나 그래서는 생계를 꾸려갈 수 없다. 이윽고 버핏은 투자가의 길을 걷기 위해 뉴욕에 있는 그레이엄의 회사 그레이엄 뉴먼으로 편지를 보냈을 뿐 아니라 방문하기 위해 자주 길을 나섰다. 결국 그는 그레이엄에게 '우리 회사에서 일하지 않겠는가?' 하는 권유를 받기에 이르렀다.

1954년 그레이엄 뉴먼에 입사한 버핏은 1956년까지 근무했고 그레이엄이 은퇴하자 오마하로 돌아왔다.

이번에는 아버지 회사에서 주식 브로커로 일하지 않고 26세에 자신의 파트너십을 설립했다. 스스로 부자가 되겠다는 목표도 있었지만 동시에 고객의 자산도 불려서 고객과 함께 부자가 되고 싶었다.

주식 브로커나 투자 은행가는 고객의 이익이 아니라 자신의 이익을 앞세운다. 그래서 자신에게 이익이 돌아온다면 어떤 투자라도 권유하고 무슨 말이든 한다.

하지만 브로커에게 좋은 일이 고객에게도 좋으리란 법은 없다.

버핏은 주식 브로커의 일이 고객과 이해관계가 어긋난다는 것을 깨닫고 고민했다. 그 결과 자신에게도 좋고 고객에게도 이로운 파트너십을 출범시켰다. 이 점을 알아줄 '현명한 투자가'야말로 버핏이 가장 원하는 고객이었다. 이리하여 버핏은 '현인'이 되어 갔다.

범인은 자신의 몫을 늘리지만 현자는 빵의 크기 자체를 불린다

모든 사람이 괴로울 때는 우리도 괴롭고,
우리가 이익을 올릴 때는 모든 사람도 이익을 올리고 있습니다.

_워런 버핏의 주주 서한

1960년대 버핏은 성공의 가도를 달렸다.

현재 그는 버크셔 해서웨이를 통해 많은 기업에 투자하고 있지만, 당시에는 몇몇 파트너십의 운영을 통한 투자로 자신과 고객의 자산을 늘려갔다.

버핏은 1957년에 파트너십을 설립하고 나서 10년 동안 플러스 1,156%라는 경이로운 성공을 거두었다. 같은 시기 다우의 평균 성장이 플러스 122%였던 점과 비교하면 얼마나 놀라운 성적을 거두었는지 알 수 있다.

파트너십을 설립할 때 10만 달러를 투자한 사람은 80만 달러 이상을 벌어들였다. 버핏의 자산도 1966년 당시 4,400만 달러에 이르렀다. 자신의 자산뿐 아니라 고객의 자산도 늘어난 것이다. 이야말로 버핏이 이상적이라고 여긴 모습이었다.

그는 주식 브로커의 일이 '고객의 이해관계와 상충한다'는 데에 의문을 품었다. 그래서 고객과 테이블에 마주앉기보다는 테이블의 같은 쪽에 함께 앉고 싶어 했다.

버핏은 대학원 시절의 친구 네트워크를 통해 소규모로 고객 그룹을 조직하기 시작했다. 그리고 그레이엄 뉴먼을 그만두고 오마하로 돌아와서 그레이엄 뉴먼의 헤지펀드인 뉴먼&그레이엄과 비슷한 파트너십을 설립했다.

파트너를 위해 1달러를 벌 때마다 25센트의 수수료를 받고 그것을 파트너십에 재투자했다. 이렇게 하면 고객의 자산이 늘어날수록 자신의 자산도 늘어난다. 따라서 고객과 이해관계가 상충된다고 고민할 필요가 없었다.

1956년 파트너 7명으로 이루어진 버핏 어소시에이츠Buffett Associates가 발족했다. 그는 자신을 믿어주는 사람과 계약을 맺었다.

그곳에서는 이익이 4퍼센트를 넘으면 절반을 받고, 4퍼센트에 이르지 못하면 차이가 생긴 몫의 4분의 1을 부담했다. 다시 말해 수지 균형이 맞아도 버핏이 손해를 보는 구조였다.

그러나 손해 보는 일은 없었다. 버핏은 성공했다. 1969년 가을 〈포브스〉지는 '오마하는 어떻게 월가를 누르고 승리했는가'라는 소제목 기사를 통해 버핏을 추어올렸다.

"1957년에 버핏 파트너십에 투자한 1만 달러는
이제 26만 달러가 되었다."

버핏의 파트너십은 대성공을 거두었다. 하지만 〈포브스〉지가 그를 칭찬한 그해에 그는 '영웅이 되었을 때 그만두겠다'는 말을 남기고 파트너십의 해산을 선언하고 버크셔 해서웨이의 경영으로 옮겨갔다.

이후 버핏에게 출자하는 일은 버크셔 해서웨이의 주식을 보유하는 것이었다.

파트너십에서 버크셔 해서웨이로 옮겼지만 '고객과 테이블의 같은 쪽에 함께 앉고 싶다'는 그의 자세는 바뀌지 않았다. 버핏도 멍거도 버크셔 해서웨이에서 받아가는 급여는 연간 10만 달러를 넘지 않았다. 물론 다른 회사의 CEO처럼 주주의 이익을 깎아 게걸스럽게 고액의 급여와 상여금을 받아가는 일도 없었다. 그들은 둘 다 막대한 자산의 대부분을 버크셔 해서웨이에 투자했다.

이는 다음과 같은 정책에 바탕을 두었다고 볼 수 있다.

- 버크셔 해서웨이의 주주인 이상 이익에 관해서는 버핏과 운명을 함께한다. -주주가 힘들 때는 그도 힘들고, 그가 이익을 올릴 때는 주주도 이익을 올린다는 것이다.
- 의무보다 권리가 훨씬 앞서는 보수 제도는 취하지 않는다. -주주와의 밀접한 관계가 허물어지기 때문이다.

버핏은 고객의 이익을 빼앗아 자신의 이익을 늘리는 방식을 원치 않는다. 주주에게는 충분하게 배당을 나눠주지 않으면서 경영진만 고액의 보수를 받아가는 방식도 원치 않는다.

고객과 이해관계가 어긋나는 것이 아니라 고객과 더불어 번영을 누리고 싶다는 마음, 즉 그가 주식 브로커로 일할 때 품었던 마음을 계속 유지하고 실현시킴으로써 버핏은 '인망이 두터운 투자가'라는 독자의 지위에 올랐다.

충돌을 피하려면 정직하게 말해야 한다

나는 아무리 시간이 걸리더라도
기꺼이 모든 질문에 대답하고자 합니다.

_워런 버핏의 오마하 성지 순례

일찍이 '짝짝 대회'라는 말이 있을 만큼 주주총회는 정해진 수순대로 진행하다가 눈 깜짝할 사이에 짝짝 박수를 치고는 끝나 버린다. 순조로운 진행을 방해받을 듯싶으면 총회를 운영하는 담당자에게 책임을 물었다. 의미 있는 총회보다는 무사한 총회를 중시했다.

이런 상황은 미국에서도 마찬가지였다. 버핏은 주주총회를 시간 낭비에 지나지 않는다고 비판한다.

경영자는 기업의 본질에 관한 사정을 까밝히려 하지 않는다. 질문하는 주주는 기업의 문제를 다루기보다 서툰 아마추어의 연극이나 하소연 대회인 양 시간을 헛되이 써버린다. 이래서는 기업에 관심을 가진 사람의 출석률은 내려가고 총회의 질도 낮아질 따름이다.

버핏이 난생 처음으로 주주총회에 출석한 것은 1950년이었다. 대학에 들어가기 전에 구입한 마셜 웰스의 주주총회였다.

이 회사는 미네소타 주에 있었지만 주주총회는 뉴저지 주에서 열렸다. 주주가 적게 참석하기를 원했기 때문이라고 한다.

당시 버핏은 주주총회를 가리켜 경영진이 어떻게 지휘봉을 휘두르는지 주주가 평가할 기회라고 생각했지만 이 회사의 경영진은 그렇게 생각하지 않았다. 회의실에 몇 명이 모여 법률이 의무로 정해놓은 회의를 일괄적으로 진행하고 일단 안건을 매듭지을 예정이었다.

하지만 주주총회에 출석한 그레이엄 뉴먼의 사원 월터 슐로스 Walter Schloss는 일이 그렇게 돌아가도록 내버려두지 않았다. 그는 날카로운 질문을 던지며 경영진을 압박했다.

버핏은 슐로스의 방식이 마음에 들었다. 주주총회에 출석하는 사람이 적을수록 회사에서 얻어내는 정보의 가치는 높다.

버핏은 마셜 웰스의 주주총회에서 그레이엄의 절친한 친구라고 할 수 있는 루이스 그린과 만나기도 했다. 그런 측면에서 그 주주총회는 수확이 풍부했다.

그런데 주주총회 자체가 경영진에게는 단순한 의례일 뿐이고, 주주에게는 굳이 출석할 가치도 없는 행사라는 사실은 변하지 않았다.

수많은 주주총회를 지켜본 버핏은 자신이 경영하는 버크셔 해서웨이의 주주총회만큼은 따분하고 의미 없게 만들고 싶지 않았다.

출석하는 주주의 수가 매년 증가하기를 바랐고 시시한 질문이나 자기 중심적인 비판은 줄이고 싶었다. 아무리 시간이 걸리더라도 주주의 질문에 성실하게 답해주고 싶었다.

"출석하는 주주의 수는 매년 늘어났는데 그들은 비즈니스에 관한 광범위하고 사려 깊은 질문만 던졌습니다."

비판에 임하는 가장 좋은 방법은 남이 지적하기 전에 자진해서 문제를 꺼내놓는 것이라고 한다. 기자회견이 때로 한바탕 소동으로 끝나거나 몇몇 사람을 손가락질하는 분위기로 흘러갈 때가 있다. 그것은 기자가 듣고 싶은 사안을 담당자가 정직하게 대답하지 못하거나 말을 흐리기 때문이다.

솔로몬 브라더스가 위기에 빠졌을 때 임시 회장에 취임한 버핏은 분노한 보도진 앞에서 한 시간 넘게 질문에 대답했다.

이사 한 사람이 찰리 멍거에게 기자회견이 언제 끝나느냐고 물었다. 그는 버핏이 아마도 그 자리를 끝내고 싶어 하지 않을지도 모르겠다고 대답했다. 자신이 나서서 먼저 이야기하는 것은 분노를 잠재우기 위한 버핏의 전략이다.

실제로 흥분한 보도진은 이윽고 마음을 가라앉혔다. 정직하게 해명하는 버핏의 모습을 보고 더는 추궁하지 못했던 것이다.

주주총회도 마찬가지였다. 그곳은 담담하게 회의 안건을 진행하는 곳도 아니고, 어리석은 질문이나 독선적인 비판이 난무하는 곳도 아니다. 어디까지나 비즈니스의 진지한 대화가 오가는 곳이어야 한다. 그러기 위해서 버핏은 오랜 시간을 들여 질문에 대답했다. 그것이 자신의 의무이자 기쁨이라고 믿는다.

그는 버크셔 해서웨이의 주주라면 단기간 매매를 반복하여 이익을 얻으려는 목적으로 주식을 갖고 있기를 바라지 않았다. 비록 적은 주식이라도 사업의 일부로 여기고 장기간 보유하는 긴 안목으로 사업을 지켜봐 주기를 바랐다.

버핏의 주주총회는 더불어 사업을 경영하는 사람들의 모임이다. 그렇기 때문에 진지하게 질문 하나하나에 대답하려고 한다.

성실하게 질문을 듣고 참되게 대답한다면 신뢰와 존경은 절로 생겨난다.

부자가 되고 싶으면 검약에 유의하고, 부자가 된다면 사치에 주의한다

어느 회사가 경비 삭감을 시작했다는 소식을 들을 때마다
그 회사는 비용을 이해하지 못하는구나 하는 생각이 듭니다.

_워런 버핏의 투자 격언

버핏은 솔로몬 브라더스를 구제하기 위해 임시 회장의 자격으로 월가에 깊이 관여하는 동안 호화롭기 그지없는 월가의 작태에 몇 번이나 충격을 받았다.

수석 요리사가 지휘하는 간부 사원 식당의 주방은 뉴욕의 어느 레스토랑보다 넓었고 온갖 메뉴를 주문할 수 있었다. 지하에는 이발소와 구두닦이 등 갖가지 무료 서비스도 갖춰져 있다.

월가의 직원은 아침 일찍부터 밤늦게까지 일하기는 해도 실적에 따라 놀랄 만한 보수를 받아갈 수 있다. 더구나 주주를 위해 이

익을 내지 못한 직원까지 활개를 치며 고액 보수를 받아갔다.

버핏은 이런 어이없는 기업 문화는 사라져야 한다고 생각했다.

그가 이상으로 삼는 기업 문화는 월터 슐로스와 같은 방식이었다.

버핏이 슐로스와 처음 만난 것은 최초로 참여한 마셜 웰스의 주주총회였다. 당시 그레이엄 뉴먼에서 일하던 슐로스가 경영진에게 따끔한 질문을 던지는 걸 보고 그와 의기투합했다. '재산의 축적은 어렵게, 재산의 낭비는 쉽게!'라는 신념도 통했다.

다만 월가에서 슐로스의 이름을 아는 사람은 거의 없었다.

슐로스는 연차보고서를 바탕으로 항상 100여 가지의 주식을 보유하는 철저한 분산투자를 통해 연이율 20퍼센트가 넘는 투자 이윤을 기록한다. 아주 단순한 방법을 구사하지만 그것을 철저하게 반복하는 것이 좋은 성적으로 이어지고 있다.

나아가 자신이 다루는 돈이 타인의 돈이라는 점을 명심하고 손실을 증오한다는 점이 훌륭하다. 그래서 슐로스는 관리 비용을 철저하게 낮추고 이익을 충분히 내지 못할 때는 운용 보수를 청구하지 않는다.

마찬가지로 버크셔 해서웨이도 비용을 매우 낮게 책정한다. 찰리 멍거는 이 점을 준수하려고 한다. 한번 사치를 부리기 시작하면 멈출 수 없기 때문이다.

"우리와 규모가 비슷한 기업 가운데
우리보다 경비가 낮은 곳은 없을 겁니다."

버크셔 해서웨이 본사에는 열 명이 채 안 되는 사원밖에 없다. 사무실도 소박하고 사원도 적다. 버핏이나 멍거나 연간 10만 달러의 급여밖에 받지 않는다.

놀랍게도 멍거에 따르면 다른 회사의 평균과 비교할 때 버크셔 해서웨이의 경비는 겨우 250분의 1에 불과하다고 한다.

참으로 소박하고 검소하다. 예전에 통상 가격의 4분의 1로 내놓은 빌딩을 구입할까 생각한 적도 있었다고 한다. 하지만 지나치게 호화로운 사무실로 옮기면 사원들에게 나쁜 영향을 끼치지 않을까 염려하여 그만두었다고 한다.

본사가 솔선수범하여 이렇게 철저하게 절약하기 때문에 버크셔 해서웨이가 이끄는 기업들도 자연히 본받지 않을 수 없다.

버핏은 사치스러움이 당연한 문화로 자리 잡은 월가와 거리가 먼 곳에 있음으로써 세계 제일의 투자가가 되었고 세계 유수의 우량 기업을 탄생시켰다.

평판은
최대의 소개장이다

아버지는 신문 일면을 장식하는 일이라면
하지 말라고 가르쳐주었죠.

_워런 버핏의 투자 격언

인간에게 가장 중요한 것은 돈일까, 아니면 명예나 신용일까?

버핏은 어릴 적부터 돈을 불리는 데에 온 힘을 기울여왔지만 돈을 불리는 것만큼 명예와 신용을 쌓는 일이 어렵다는 것을 잘 이해했다. 명예와 신용은 한순간에 무너지기도 하고 쉽게 되돌릴 수 없다는 것도 잘 알았다.

솔로몬 브라더스의 위기는 월가에 만연한 탐욕 때문에 생긴 것이었다.

국채 부문의 책임자 폴 모저는 적자인 환율 부문을 겨우 몇 개월 만에 흑자로 돌릴 만큼 대단한 수완의 소유자였지만 그의 연간 보수는 겨우 475만 달러였다. 그는 예전 동료가 받던 연간 보수 2,300만 달러에 비해 자신의 보수가 '지나치게 적은' 데에 격분했을 것이다. 드디어 그는 한 회사의 35퍼센트까지만 국채를 인수한다는 상한선 규정을 저버렸다.

빈틈을 노려 과다하게 입찰한 일로 재무성의 담당자에게 엄중한 주의를 받았다. 하지만 폴 모저는 재차 똑같은 짓을 저지르려고 했다. 이는 재무성을 거스르는 명백한 모욕 행위였다.

이쯤 해서 멈추었다면 좋았을 것을 폴 모저는 주문하지 않은 고객의 이름을 멋대로 차용해 입찰하는 부정행위를 저질렀다. 솔로몬 브라더스의 명줄이 끊어질지도 모를 위험한 행위였다. 그렇지만 여기에서도 그는 상사에게 '실수로 입찰했다'는 거짓말로 빠져나갔다.

그는 멈추지 않았다. 이번에는 극단적으로 높은 가격을 제시해 솔로몬 브라더스와 고객의 몫을 합쳐 87퍼센트의 국채를 손에 넣었다.

이것은 누가 보더라도 지나친 처사였다. 솔로몬 브라더스는 도의적, 법적 위반 사항을 조사받았다. 부정 입찰의 증거도 나왔다. 이 회사에 남은 길은 해체밖에 없어 보일 만큼 엄중한 상황이었다.

이때 버핏이 등장했다. 사태가 이렇게 번질 때까지 방치한 솔로몬 브라더스의 풍토, 나아가 경영진의 무능함에 절레절레 고개를 저을 수밖에 없는 지경이었다.

최초로 폴 모저의 부정행위를 알아챘을 때 곧바로 그를 해고하고 부정 사실을 정직하게 재무성에 보고했다면 이토록 사태가 악화하지 않았을 것이다. 그런데도 아무도 해야 할 일을 하려 들지 않았다.

폴 모저의 부정행위는 몇 억 달러의 손실을 회사에 떠안기고 사원 8,000명의 직장을 빼앗을지도 모르는 사태를 초래했다.

버핏은 솔로몬 브라더스가 저지른 악행을 드러내고 낱낱이 밝혀서 바로잡겠다고 결심했다. 아무것도 감추지 않는 것, 그것이 버핏이 바라는 새로운 기업 문화였다.

"회사를 위해 일하다가 손해를 끼치는 것은 이해할 수 있습니다. 그러나 회사의 평판을 조금이라도 훼손하는 일은 용서할 수 없습니다."

버핏은 '초일류 비즈니스를 초일류 방식으로' 해야 한다고 생각했다. 그러기 위해서는 무언가를 감춘다든가 누군가를 속여 약삭빠르게 이득을 취하는 일은 허용할 수 없었다. 성실하고 정직하게 일한다는 것이 초일류 비즈니스라는 증거였다.

버핏은 사원 한 사람 한 사람이 규정을 준수하길 바랐다. 그는 사원들에게 자기가 하려는 일이 다음 날 신문의 일면 기사로 나왔을 때 가령 배우자, 아이들. 친척이 읽어도 떳떳할 수 있는지를 기준으로 일하라고 말했다.

비즈니스에 관여하면서 손해를 보는 일은 어쩔 수 없다. 아무리 금액이 크다 해도 악의가 없다면 용서받을 수 있다. 손해 본 돈은 사업을 통해 만회할 수 있다.

그러나 명예는 그렇지 않다. 회사의 신용과 브랜드의 힘이 훼손당해 땅에 떨어진다면 거의 회복하기 어렵다. 회복할 수 있다 해도 오랜 세월과 막대한 비용과 노력이 필요하다.

버핏은 아버지에게 이러한 윤리관을 배웠다.

명성을 얻기는 어렵지만 무너지기는 쉽다. 옳고 그름을 가릴 수 없을 때는 미디어에 나와도 떳떳한지를 기준으로 삼으면 된다. 버핏은 아버지에게 배운 이 가르침을 지켰고, 그래서 부와 명성을 얻을 수 있었다.

돈을 버는 방식을 보면 지혜가 보이고, 돈을 쓰는 방식을 보면 인격이 보인다

돈은 회사에 돌려주어야 하는 예금 증서라고
언제나 생각했습니다.

_**스노볼**

◦ 결코 자신의 사업을 남에게 맡겨서는 안 된다.

◦ 어쩔 수 없이 맡겨야 한다면 성실함과 능력에 절대적인 신뢰를 보낼 수 있다는 확증을 갖고 있어야 한다.

위의 말은 벤저민 그레이엄이 사업과 투자에 성공하기 위한 원리 원칙으로써 지적한 것이다.

버핏은 자신이 투자하는 기업의 경영을 신뢰할 만한 유능한 경영자에게 맡겨 커다란 성공을 거두었다. 나아가 그는 이런 사고방식을 투자뿐 아니라 자선사업에도 적용하여 온 세계 사람을 놀라게 했다.

그는 어릴 적부터 '억만장자'가 되겠다는 목표를 말하고 다녔다. 그러나 그것은 호화로운 생활을 누리고 싶었기 때문이 아니다. 자기 힘으로 돈을 불려 나가는 일이 좋았기 때문이다.

그러면 모아둔 돈을 어떻게 쓸까?

버핏의 검소한 생활에는 돈이 거의 들지 않는다.

그는 돈을 가진 1퍼센트의 인간이 나머지 99퍼센트의 인간을 배려할 의무가 있다고 생각한다. 따라서 재단을 설립해 자선사업을 벌이고 이익을 회사에 환원하는 것은 당연했다.

버핏은 독창적인 사고를 지닌 자선가로서 철강왕이라고 일컬어지는 앤드류 카네기Andrew Carnegie와 실업가 존 데이비슨 록펠러John Davison Rockefeller를 존경했다.

두 사람의 공통점은 무엇이 가장 대중에게 호평받을지가 아니라 먼저 어떤 문제를 해결해야 하느냐를 고려해 거액의 자금을 원조했다는 것이다.

설립 초기 버핏 재단의 기금은 그리 대단한 액수가 아니었다. 재단에 많은 기금을 쏟아붓기보다는 적은 돈이라도 착실하게 복리로 운영하면 시간이 흐르면서 거액의 자금이 생길 것이고, 자기가 세상을 떠난 뒤에도 지금보다 많은 금액을 남길 수 있다고 생각했기 때문이다.

"50년이 지난 뒤 여기에 앉아 나보다 훨씬 능숙하게 부를 나눠주는 사람이 나타나리라 상상해봅니다."

2000년대에 들어와 버핏 재단의 규모를 조금씩 확대 운영하려는 생각이 들었을 때 버핏의 머릿속에는 친구 빌 게이츠가 운영하는 빌&멜린다 게이츠 재단Bill&Melinda Gates Foundation이 자리 잡았다.

그는 빌이 합리적일 뿐 아니라 성실하고 정성을 다해 재단을 운영하고 있다고 평가했다. 그는 게이츠 재단을 본받아 버핏 재단의 체제를 정비하는 한편 게이츠 재단에 돈을 맡기는 편이 훨씬 효과적이지 않을까 생각했다.

2006년 6월 버핏은 '세계 자선사업의 역사적 순간'이라고 일컫는 일대 결단을 내렸다. 보통 재단은 다른 재단에 돈을 맡기지 않는다. 그러나 버핏은 자신이 소유한 버크셔 해서웨이 주식의 85퍼센트, 당시 시가로 370억 달러의 자금을 여러 재단에 기부하기로 결심하고 그중 6분의 5를 게이츠 재단에 기부했다.

거액의 유산을 남긴 사람이 세상을 떠난 뒤 유산을 물려받은 사람에 의해 재단이 파탄에 이르거나 변질하는 일은 결코 드물지 않다. 버핏은 자선사업의 인재를 찾는 일이 투자의 인재를 찾는 것보다 훨씬 중차대한 일이라고 생각했다.

생각에 생각을 거듭한 끝에 결론을 내린 것이 바로 게이츠 재단이었다.

돈이란 어디까지나 사회가 잠시 맡긴 것일 뿐 언젠가 사회에 돌려주어야 한다. 다만 가장 효과적으로 돌려주어야 한다.

이런 생각을 가진 버핏이 가장 신뢰할 만한 인물이 바로 빌 게이츠였다.

투자나 경영이나 가장 신뢰할 수 있고 가장 알찬 결실을 맺을 수 있는 인물에게 맡기는 것이 바람직하다.

아무렇게나 남길 것이 아니라 남겨야 할 사람에게 남겨라

수준 이상의 성적과 회사의 문화를 유지해야 합니다.
그리고 주주와 경영자를 소중히 여겨야 합니다.

_워런 버핏의 오마하 성지 순례

아무리 뛰어난 경영자라도 영원히 경영을 계속할 수는 없다. 체력의 한계를 느끼고 은퇴할 수도 있고 죽음을 피할 수 없기도 하다.

그럴 때 자신이 진심으로 사랑하고 심혈을 기울이던 사업을 누구에게 맡길 것인가? 자기가 경영에서 은퇴하고 나서 10년, 20년 지났을 때 기업은 어떻게 될 것인가?

경영자가 가장 마음에 걸리는 일 중 하나가 바로 이 문제일 것이다.

벤저민 그레이엄은 뛰어난 투자가이기는 했지만 후계자를 육

성하는 면에서는 그다지 순탄했다고 하기 어렵다.

1958년에 62세를 넘긴 그레이엄은 투자의 세계를 떠나야겠다는 생각이 들었다. 그때까지 시장 평균을 2.5퍼센트 웃도는 성적을 유지해왔던 그는 캘리포니아에서 여생을 즐기고 싶었다.

그런데 마땅한 후계자가 눈에 띄지 않았다. 그는 자신의 이론을 계승할 뿐 아니라 인품도 갖춘 버핏을 후계자로 세우려고 했다.

그러나 그레이엄이 없는 그레이엄 뉴먼에서 일할 마음이 없었던 버핏은 그의 제안을 거절했다.

버핏이 쌓아올린 버크셔 해서웨이의 규모는 그레이엄 뉴먼과 비교도 할 수 없을 만큼 거대하다. 자신을 위해서도, 버크셔 웨서웨이를 위해서도 그레이엄의 전철을 밟는 일은 절대로 피해야만 한다.

버핏이 이미 여든 살을 넘겼고 파트너 찰리 멍거가 그보다 연장자라는 점을 생각하면 버핏의 사후 누가 버크셔 해서웨이의 뒤를 잇느냐 하는 문제는 아주 현실적이라고 할 수 있다.

버핏 자신은 2007년에 주주에게 보낸 편지를 통해 수명은 12년쯤 남았지만 더 오래 살도록 노력하겠다고 썼다.

앞으로도 최전선에 나서서 활약해주기를 바랄 뿐이다.

"우리가 버크셔 해서웨이에서 이룬 업적이
내 임기보다 훨씬 오래 남으리라고 진심으로 믿습니다."

한편 버크셔 해서웨이의 장래를 생각하면 걱정거리도 없지 않다. 정크본드junk bond 를 많이 발행한다든가 높은 주가를 자랑스럽게 여기는 사람 손에 회사가 들어간다면, 자신이 쌓아올린 버크셔 해서웨이의 자산 가치는 말할 것도 없고 도덕적인 가치마저 무너지고 말 것이기 때문이다.

이런 일을 막기 위해서는 일찍부터 단단히 준비해야 한다.

1991년 버핏은 지금은 세상을 떠난 아내 수잔을, 2년 뒤에 아들 하워드를 이사로 취임시켰다. 그리고 60대 후반으로 접어들었을 때 자기가 죽은 다음에 어떻게 하라는 지시를 자세하게 적은 편지를 준비했다.

그 편지를 보면 버핏은 자신이 버크셔 해서웨이에서 혼자 담당해온 역할을 두 사람에게 나눠준다. 투자를 담당하는 최고 투자 책임자와 자회사의 감독을 담당하는 CEO가 그것이다. 후보자도 이미 뽑아놓았다. 과연 누구인지가 화제에 오를 때도 있지만 버핏이 눈을 감을 때까지 밝혀지지는 않을 것이다.

후계자는 버핏과 같은 이념의 소유자여야 한다. 그들이 착실하게 회사를 운영한다면 버크셔 해서웨이는 헤지펀드 등에 공격당하지 않는 건실한 기업으로 계속 발전할 수 있을 것이다.

물론 버핏 본인이 워낙 탁월한 수완이 있는 투자가인데다 그가 이끄는 기업 경영자 대다수가 '버핏 때문에 일한다'고 생각하는 만큼 버핏이 있을 때와 똑같이 경영할 수 있을지는 장담할 수 없다.

그렇지만 버핏은 2008년 주주총회를 통해 두 가지 희망을 언급했다.

◦ 일정 수준 이상의 실적과 회사 문화를 유지할 것.
◦ 주주와 경영자를 소중히 여길 것.

그리고 몇 십 년 뒤에 일류 기업의 소유자가 회사를 매각해야 할 처지에 놓였을 때 매각할 곳으로 버크셔 해서웨이를 제일 먼저 떠올려준다면 기쁘겠다고 말했다.

버핏의 인망과 성실함은 사후에도 반드시 사람들의 마음을 움직일 것이다.

Warren Buffett

법칙 7

남이 반할 기준을 가진다

'파트너'가 부를 낳는다

버핏을 신처럼 신봉하는 사람이 많다.
나이대가 비슷하고 이익에만 여념이 없는 사람들이
그렇다는 것은 이해할 수 있다.
하지만 분야가 다른 젊은이도 신봉자가 된다.
구글 창업자 래리 페이지와 세르게이 브린은
버핏을 향한 존경심을 감추려고 하지 않는다.
마이크로소프트의 창업자 빌 게이츠도 친구다.
페이스북의 창업자 마크 저커버그는
간접적으로 버핏의 영향을 강하게 받았다.
지능지수가 뛰어난 그들에게 진심으로 존경받는 힘이란
지식? 경영? 거액의 부?
버핏 자신은 이렇게 말한다.

"인내심이 강하고 냉정한 성정은
지능지수보다 중요할지도 모른다."

Warren Buffett

신용을 얻고 싶으면 언어를 잘 활용해야 한다

자신의 내면을
이끌어낼 수 있다는 점이 중요하다.

_**스노볼**

버핏은 자기개발의 대가 데일 카네기에게 많은 것을 배웠다.

어린 시절에는 할아버지 집에서 찾아낸 카네기의 〈인간관계론〉을 읽고 친구를 사귀거나 사람을 설득하는 방법 등을 배웠다. 컬럼비아 대학을 졸업한 뒤에는 오마하에서 카네기의 말하기 교실에 다니면서 남 앞에서 말하는 능력과 커뮤니케이션의 힘을 키웠다.

투자가 아닌 분야에서는 검약하기 이를 데 없는 버핏이 왜 돈을 지급하면서까지 말하기 교실에 다니려고 했을까. 남 앞에서 이야기하기를 두려워했기 때문이다. 사람들 앞에 서면 속이 울렁거려 한마디도 입을 뗄 수 없을 정도였다.

그러나 오늘날에는 버핏의 이야기를 듣기 위해 몇 만 명이나 버크셔 해서웨이의 주주총회를 찾아온다. 버핏은 매년 몇 십 군데 학생 집단에서 강연을 의뢰받는다. 예전에는 대중 앞에서 말하기를 두려워했다는 것이 놀라울 따름이다. '좀 더 잘 이야기하고 싶다'는 정도가 아니라 '남 앞에서 이야기할 때 다리가 떨리지 않았으면 좋겠다. 다리가 떨리더라도 이야기는 할 수 있었으면 좋겠다'고 바랄 정도였으니 말이다.

버핏은 컬럼비아 대학에 다닐 때에도 말하기 교실을 수강하려고 생각한 적이 있었다. 그는 100달러 수표까지 마련했지만 집에 돌아가자마자 수강을 포기했다.

오마하에 있을 때는 현금 100달러를 준비했다. 마음이 바뀌기 전에 받아두라고 부탁하면서 강사에게 100달러를 건넸다고 한다. 뒤로 물러날 수 없는 상황에 자신을 몰아넣었던 것이다.

말하기 교실의 수업은 아주 중요한 훈련이었다.

버핏은 경영자의 자질을 중시한다. 그것을 판단하기 위해서는 반드시 경영자와 직접 이야기를 해봐야 한다. 상대를 판단해야 할 뿐 아니라 상대가 자신을 이해해주어야 한다.

따라서 대화를 통해 자신의 내면을 끄집어낼 수 있는 훈련이 필요하다. 말하기 교실은 반복 학습에 의해 누구 앞에서든 얼어붙지 않고 이야기하는 심리적인 요령을 가르쳐주었다. 그것은 어떤 학위보다도 훨씬 값진 것이었다고 그는 술회한다.

"커뮤니케이션 능력은 최강의 무기입니다.

젊을 때는 많은 사람과 만나야 합니다."

아버지 회사 버핏 포크에서 주식 매매를 시작한 버핏은 결코 유능하다고 볼 수 없었다. 스물하나라는 젊은 나이도 한몫했겠지만 상대의 마음과 생각을 잘 읽어내지 못했다. 심지어 잡담을 나누는 일도 미숙했다.

아버지의 장광설을 듣는 데는 익숙했지만 고객의 이야기를 듣는 것은 좋아하지 않았다.

그러나 유능한 세일즈맨은 대체로 이야기를 잘하는 사람이라기보다 남의 이야기를 잘 듣는 사람이다. 이야기에 귀를 기울일 때 상대가 바라는 것을 제공해야 한다. 듣는 행위를 통해 신뢰를 얻는 일이 좋은 인간관계를 쌓는 요령이다.

그런데 버핏은 남의 이야기를 잘 듣지 못했고, 자기가 말하고 싶은 것을 일방적으로 내뱉는 경향이 있었다. 그가 설명을 끝내면 '그런데 자네 부친은 어떻게 생각할까' 하는 질문이 늘 따라붙었다고 한다.

카네기의 말하기 교실에 다닌 보람은 있었다. 이윽고 버핏은 상대의 이야기에 귀를 잘 기울였다.

그는 낮에는 회사 일을 하는 한편 오마하 대학에서 야간 강의를 맡았다.

주식 전문가뿐 아니라 비즈니스의 지식이 충분하지 않은 주부나 연금 생활자도 강의를 들으러 왔다. 여기에서 버핏은 풍부한 정보를 전해주면 화술은 그리 문제되지 않는다는 것도 실감했다.

이런 경험을 통해 버핏은 글쓰기 커뮤니케이션 능력도 익혔던 듯하다. 그는 글을 쓸 때 다음 두 가지에 주의를 기울인다.

◦ 자기가 확실히 이해하고 있는 것을

◦ 전문가가 아닌 사람도 알 수 있도록

이를테면 버크셔 해서웨이의 연차보고서를 쓸 때 주식을 절반 보유하고 일 년 내내 여행을 다니는 누이라도 이해할 수 있도록 쓰려고 신경을 썼다. 그의 누이는 비즈니스에 문외한은 아니지만 전문가가 아니기 때문에 매일 사업 내용을 들여다보지 않는다.

그런 사람을 상대로 금세 이해할 수 있는 글인지를 기준으로 삼았다.

지금 버핏이 쓴 연차보고서는 아주 이해하기 쉽다고 정평이 나 있다. 그리고 널리 읽히고 있는 연차보고서는 그가 인망을 쌓는 무기이기도 하다.

한 사람의 현자를 알면 새로운 자신과 마주할 수 있다

돌아와서는 또 앞으로 나아갔다.
어느 날은 킹 목사의 설교를 들었고,
다음 날은 로마 교황의 설교를 들었다.
벤저민 그레이엄이 교황이다.

_스노볼

버핏의 투자 수법에는 벤저민 그레이엄의 사고방식이 깔려 있다. 거기에 다른 수법도 받아들여 자기 나름의 투자 방법을 연마해왔다.

버핏은 처음에 그레이엄에게 물려받은 '담배꽁초 투자'를 좋아했다. 길가에 떨어져 있는 꽁초(저렴한 주식)로는 만족스럽게 흡연(이익)을 즐길 수 없지만, 공짜로 주운(값싸게 손에 넣은) 것이기 때문에 한 모금씩 계속 피우는 것도 괜찮다는 사고방식이다. 다시 말해 값싼 주식을 입수해 이익을 낳는 일을 가리킨다.

그러나 거기에는 큰 문제가 버티고 있다는 것을 깨달았다. 우연히 얻은 물건 중에는 골치 아픈 문제를 일으키거나 시간이 흐르면서 값이 싸기는커녕 비싸다는 것을 깨닫는 일이 많이 있었던 것이다.

예를 들어 800만 달러에 구입한 기업을 그 자리에서 1,000만 달러에 매각할 수도 있고, 부채를 정리해 기업을 해산하면 200만 달러의 이익을 남길 수 있다고 하자. 하지만 기업이 문제를 일으키거나 해서 10년 뒤 겨우 1,000만 달러에 판다면 결과적으로 이익은 미미해진다. 문제를 해결하기 위해 지불한 시간과 노력을 고려하면 도리어 비싸다.

이런 경험을 통해 버핏은 앞에서 말한 '그저 그런 기업을 훌륭한 가격에 사기보다는 훌륭한 기업을 적당한 가격에 사는 것이 낫다'는 교훈을 얻었다.

버핏에게 '값싼 주식 사기', '할인 판매 주식 사기'가 반드시 최선의 방법이 아니라는 것을 가르쳐준 사람은 '성장주를 사라'고 말하는 필립 피셔였고 파트너인 찰리 멍거였다.

이류, 삼류 비즈니스는 싸게 살 수 있을지 모르지만 그런 기업을 다시 일으켜 세우기는 여간 어렵지 않다. 그것보다는 비록 시가총액이 자산 가치를 상회한다고 해도 일류 비즈니스를 적당한 가격에 사서 오랫동안 보유하면 훌륭한 수익을 거둘 수 있다.

이런 깨달음을 준 계기가 제과회사 씨즈캔디[See's Candies]였다.

1971년 버핏은 이 회사가 시세 하락을 예상하고 시장에 나왔다는 것을 알았다. 그는 제과회사는 잘 몰랐지만 가격이 제법 비쌌기 때문에 손을 대지 않았다.

이 회사는 자산 500만 달러에 희망 가격 3,000만 달러를 요구했다. 가격은 비교적 비싼 편이었지만 그래도 높은 품질, 브랜드 파워, 고객 신뢰, 인재 등 돈으로는 바꿀 수 없는 훌륭한 자산이 있었다.

버핏은 1972년 이 회사를 2,500만 달러에 매수했다. 이 금액은 당시 이 회사 이익의 6배, 순자산 가치의 3배에 달랬지만 그만큼의 가치가 있다고 판단했다.

버핏이 처음으로 프리미엄을 붙여 사들인 물건이었다.

"꽤 큰 힘이 필요했습니다. 그것을 성취해낸 것이 찰리 멍거의 정신력입니다. 그는 나의 한계를 넓혀주었습니다."

씨즈캔디의 매수는 전환점을 마련해주었다. 버핏은 단순히 할인가 주식을 사는 것이 아니라 성장력을 갖춘 훌륭한 기업을 괜찮은 가격으로 사는 방식으로 방향을 선회했다.

그렇지만 이러한 변화는 단번에 이루어지지 않았다. 그레이엄을 중심으로 지그재그를 반복하는 동안 점차 방향이 바뀐 것이다.

누구보다 멍거의 영향이 절대적이었다. 그는 그레이엄의 극단적인 사고방식에 젖어 있던 버핏이 다른 쪽으로 움직이도록 촉구하는 최적의 인물이었다.

만약 그레이엄의 의견만 받아들였다면 현재와 같은 자산을 축적할 수 없었을 것이라고 버핏은 회고한다.

실제로 씨즈캔디는 아주 우수한 매물이었다. 매수한 지 30년이

지나자 버크셔 해서웨이에 9억 달러의 이익을 벌어주는 혁혁한 공을 세웠다.

씨즈캔디의 매수를 통해 버핏은 투자 비즈니스의 출중한 점을 배웠다. 우수한 경영진, 지속 가능한 경쟁 우위성, 뛰어난 가격 경쟁력, 고수익 체질, 적은 설비 투자, 적은 유사 대체품 등을 갖춘 비즈니스는 어느 시대라도 착실하게 성장할 수 있다.

이 점을 배운 버핏은 나중에 코카콜라 주식의 대량 매수에 나섰던 것이다.

인생을 바꾸고 싶은가.
친구를 바꾸기만 하면 된다

자기보다 뛰어난 사람과 사귀는 것이 좋다는 것을 배웠다.
그렇게 하면 나도 조금은 나아질 수 있다.

_**스노볼**

버핏은 많은 기업을 소유하고 있지만 그가 경영하는 것은 아니다. 그는 될수록 해당 기업에 재직하고 있는 우수하고 성실하며 열의가 넘치는 경영자가 매수 이후에도 계속 경영하면 된다고 생각한다.

1967년에 매수한 저가 부인복점 어소시에이티드 리테일 스토어즈의 경영자 벤저민 로스너가 전형적인 예일 것이다.

로스너는 대공황을 맞이한 1931년에 레오 사이먼과 공동으로 시카고에 작은 가게를 열어 값싼 원피스를 대량으로 구입했다. 이 인물은 30여 년의 시간이 흐르는 사이에 수완을 발휘하여 시카고와 버펄로, 뉴욕 등에 점포 80곳, 매출 4,400만 달러, 이익 200만 달러에 달하는 회사로 키워냈다.

사이먼이 세상을 뜬 뒤에도 로스너는 미망인 에이 사이먼에게 월급을 계속 지급했다. 하지만 꼬치꼬치 참견하려 드는 사이먼의 태도에 화가 나서 회사를 통째로 매각하고자 했다.

이 매각 이야기는 괜찮은 건수였다. 문제는 로스너가 매각 후 얼마 동안만 경영에 관여한 다음 물러날 의향이 있었다는 점이다.

로스너는 일을 아주 좋아했기 때문에 열심히 매달렸다. 화장실에도 각 점포의 매출 성적표를 붙여놓고 용변을 보면서도 수치를 지켜볼 만큼 악착이었다. 경쟁 상대인 가게의 점주와 만나면 언제나 물품 구입 가격이나 이익을 알아내려고 했다.

어느 날 라이벌 가게의 화장실 휴지 가격을 알아낸 그는 파티를 빠져나와 창고로 돌아가 화장실 휴지의 개수를 확인했다. 그러자 짐작한 대로 구입처가 휴지 개수를 속이고 있다는 것을 알았다.

버핏은 로스너가 무척 마음에 들었다. 경비를 인색할 정도로 아끼고, 수치를 철저하게 따지고, 아무리 사소한 점이라도 결코 소홀히 여기는 법이 없었다. 적으로 삼으면 골치 아프지만 파트너로 삼으면 그렇게 신뢰할 수 있고 마음 든든한 사람은 없다.

버핏은 이 회사를 매수하더라도 만약 로스너가 경영에서 손을 뗀다면 기대한 만큼 수익을 올리기는 절대 불가능하다고 생각했다. 그래서 그는 이 회사를 600만 달러에 매수한 이후에도 로스너에게 경영을 맡아달라고 부탁했다.

버핏의 희망은 수익을 올리는 것뿐이다. 나머지는 로스너가 마음대로 해도 상관없었다. 소매업에서도 중요한 것은 재무가 아니다. 정직한 판매 전문가가 경영하는 것이 관건이다.

버핏은 로스너야말로 자신이 찾아 헤매던 정직한 전문가라고 확신하고, 이 회사를 매수해 훌륭한 인물에게 경영을 맡기는 데에 성공했다.

"나쁜 인간과 손잡고 잘된 시도는 없다."

비즈니스는 자기 마음에 들고 존경과 신뢰를 보낼 수 있는 인물과 함께 일하는 것이 중요하다. 그렇지 못한 사람과 손을 잡으면 별로 성공하지 못한다.

어쩌면 그것은 비즈니스의 성공보다 인생의 성공에 더 영향을 미친다. 사람은 누구와 사귀느냐, 누구와 손잡느냐에 따라 인생 자체가 달라지기 때문이다.

버핏은 다양한 기업을 매수하는 과정에서 그 점을 배웠다. 특히 그는 군대 훈련장에서 처음으로 그 점을 절실하게 느꼈다. 컬럼비아 대학을 졸업한 버핏은 부모님이 사는 워싱턴이 아니라 오마하에서 지냈다. 군대에 들어가 병역의 의무를 다하기 위해서였다.

군대에 들어가면 해마다 몇 주일 동안은 훈련장에서 지내야 한다. 다들 처음에는 하원의원의 아들인 버핏이 잘난 체하지는 않을까 의심의 눈초리로 쳐다보았다.

그러나 아주 짧은 시간에 버핏은 사람들과 잘 어울리는 데에 성공했다. 다른 사람과 똑같이 만화를 즐겨 읽는 것이 요령의 전부

였다. 독서광 버핏은 책이 아니라 만화를 읽기로 한 것이다. 단 어휘는 네 개뿐이었다.

이때의 경험을 통해 그는 자기보다 못한 인간과 사귀면 인생의 나락으로 굴러떨어진다는 것을 배웠다.

버핏은 자기보다 못한 사람을 고용하면 회사 수준이 떨어지고, 자기보다 나은 사람을 고용하면 회사 수준이 올라간다고 생각했다. 하물며 사악한 인간, 존경할 수 없는 인간에게 회사를 맡겨서는 절대로 잘될 리가 없다.

버핏이 교제하고 싶은 사람은 자기 마음에 드는 사람, 자기와 마찬가지로 열의가 있는 사람, 존경할 만큼 능력이 뛰어난 사람뿐이다. 그런 사람과 비즈니스를 함께하면 반드시 성공한다.

이것은 일을 누구에게 맡길까, 일할 때 누구와 손을 잡을까를 생각할 때 중요한 선택 기준이었다.

마차를 말에 매다는 것도 괜찮지만 별에 매다는 것이 훨씬 좋다

자기와 꼭 맞는 영웅과 만난다는 것은 행운입니다.

_워런 버펫의 투자 격언

"그때 워런 버핏이라는 남자가 내 인생에 나타났다."

이 말은 〈워싱턴포스트〉의 CEO 돈 그레이엄Don Graham이 페이스북의 창업자 마크 저커버그에게 한 말이다.

당시 페이스북에는 액티브 유저가 200만 명이 있었고 성장세도 유지했지만, 한 단계 더 성장하기 위해서는 유저를 확장하는 데에 거대 자금이 필요했다. 그 자금을 제공해주겠다고 제안한 사람이 바로 그레이엄이었다.

결국 저커버그는 다른 회사에서 자금을 제공받았지만 그레이엄과의 만남은 그가 경영자로서 성장하는 소중한 계기가 되었다.

저커버그는 CEO 업무를 익히기 위해 사흘 동안 그레이엄과 행동을 같이하면서 CEO가 처리해야 할 일, 생각해야 할 일, 미디어를 대하는 법 등을 배웠다.

그런데 그레이엄에게 막대한 영향을 미친 사람이 〈워싱턴포스트〉의 대주주이자 이사를 역임한 버핏이었다.

버핏은 그레이엄의 어머니 캐서린 그레이엄에게 많은 것을 가르쳐주었다. 버핏은 그레이엄 집안과 주식을 공동 소유함으로써 이 회사를 월가의 방식처럼 단기적으로 경영하는 것이 아니라 장기적 관점에서 경영하면 어떤 장점이 있는지 가르쳤다.

성장 과정에서는 어떤 시기에 어떤 사람과 만나느냐, 그 사람에게 무엇을 배우느냐가 무척 중요한 의미를 가진다.

그레이엄은 버핏에게 장기적 관점에 입각한 경영이 얼마나 중요한지를 배웠고, 저커버그는 그레이엄에게서 CEO가 해야 할 일을 배웠다.

그러면 버핏은 언제 누구에게 무엇을 배웠을까?

그는 자신을 가르친 상대를 '영웅'이라고 부른다.

영웅은 바로 벤저민 그레이엄과 아버지다.

아버지에게서는 삶의 가치관을 배웠다. 외부의 점수판이 아니라 내부의 점수판을 가져야 한다는 것, 외부의 목소리에 휘둘리지 않고 자기만의 삶을 밀고 나가야 한다는 사고방식은 월가와 선을 긋는 투자법에서도 또렷하게 드러난다.

또 '거짓말을 하지 않기', '정직하게 살기', '부끄럽게 행동하지 않기' 같은 인간으로서 지켜야 할 삶의 규율도 배웠다. 아버지는 결코 재주가 뛰어난 인물이 아니었다. 그러나 그의 삶은 많은 사람에게 귀감이 되었다.

"'바로 이 사람이야!' 싶은 인물을 만나면 적극적으로 만날 것."

그레이엄은 버핏이 투자 방식을 전격적으로 바꿀 만큼 충격을 준 사람이다.

버핏은 그와 만나기 전에는 스스로 '이성이 아니라 본능에 따른 투자'를 한다고 말했다. 그러나 그레이엄을 통해 그는 다음과 같은 투자의 철칙을 배웠다.

- 주식은 그 기업의 일부다.
- 시장의 변동에 일희일비하지 말고 당초의 방침을 우직하게 밀고 나가라.
- 안전한 범위를 확보하라.

그는 이와 같은 투자의 철칙을 바탕으로 성장했다.

버핏은 아버지와 그레이엄을 '영웅'으로 여기고 얼마간 그들의 뒤를 따랐다.

자기 머리로 생각한다는 것은 말할 수 없이 중요하다. 그렇지만 모든 것을 제로부터 다시 생각할 필요는 없다. 거인의 어깨 위에 올라타 훨씬 멀리 내다보고 성장해 가면 그만이다.

이러한 삶의 방식을 토대로 버핏은 청년들과 학생들에게 자신에게 꼭 맞는 영웅을 찾으라고 조언한다.

사람에게는 각자의 영웅이 있다. 이를테면 애플을 창업한 스티브 잡스는 휴렛팩커드의 창업자를 자신의 롤 모델이라고 부른다. 그 사람은 돈을 벌기보다 영속하는 기업을 만들고자 창고 구석에서 창업한 인물이다.

저커버그는 잡스를 롤 모델로 삼고 있다. 그는 그레이엄과 잡스에게 배운 바를 스스로 연마해 지금은 7억 5,000만 명이 이용하는 기업을 이끌고 있다.

마찬가지로 버핏도 아버지와 그레이엄에게 배우면서 성장했고 이제는 스스로 다른 사람의 영웅이 되었다. 성장하는 과정에 올바른 스승과 만난다는 것, 본보기를 삼을 만한 영웅이 있다는 것은 매우 중요하다.

남보다 앞서 나가고 싶다면 마음속에 영웅을 몇 명쯤 두는 것이 좋다. 그들에게 배우고 그들 어깨 위에 올라타기를 주저해서는 안 된다.

만남은 올바른 결단으로 이끌어준다

그 기업이 어떤 사업을 어떻게 하고 있는지
경쟁 회사나 출입하는 거래처, 고객을 통해
이야기를 듣고 알아봐야 한다.

_워런 버펫의 투자 격언

명탐정 중에는 의자에 앉은 채 뛰어난 추리력을 발휘하는 유형이 있는가 하면, '현장에 백 번 가보기'를 외치는 유형이 있다. 후자는 현장에 들락거리며 많은 사람에게 이야기를 들으며 돌아다니는 유형이다.

이와 마찬가지로 투자가도 여러 유형으로 나뉜다.

벤저민 그레이엄은 결산서의 숫자만 들여다보는 유형이다. 투자하는 기업을 찾아가 경영진의 이야기를 듣는 일은 없었다. 반면 버핏은 적극적으로 경영진과 만나 이야기를 듣고 주변을 탐색하는 유형이다.

버핏의 방식은 필립 피셔에게 영향을 받았다. 그는 자신의 투자 스타일에 관해 85퍼센트는 그레이엄을, 나머지 15퍼센트는 피셔를 이어받았다고 말한다.

어느 기업을 조사할 때 경쟁 회사에 물어보고 이야기를 듣는, 이른바 가십거리 접근법은 단연 피셔에게서 배웠다.

피셔도 그레이엄과 마찬가지로 싸게 사서 단기간에 비싸게 파는 것이 아니라 진정으로 우수한 기업을 발견해 시장의 변동과는 상관없이 장기간 보유하는 것이 이익을 많이 내는 방법이라고 생각했다.

하지만 두 사람에게는 두드러지는 차이가 두 가지 있었다.

○ '값싼 주식'이 아니라 '성장주'에 주목하기.
○ '가십거리' 조사 작업을 투자가가 직접 하기.

피셔는 자신이 주목하는 기업이 있으면 그 기업에 관해 여러 관계자로부터 의견을 듣거나 납품업자, 고객, 동종업계 조합 사람들에게 이야기를 들으라고 권유했다.

그렇게 하면 그 기업이 업계에서 어떤 장점과 약점을 갖고 있는지, 그 기업의 장래성이 또렷하게 보일 것이라고 한다.

그렇게 신중하게 고른 다음 주식을 사서 가능한 오랫동안 보유해야 한다. 그럴 수 있다면 시황이나 경기 변동에 영향을 받지 않고 매입 시점보다 열 배, 스무 배의 가치를 얻을 수 있다. 이것이 피셔의 투자 스타일이었다.

"회사가 근처에 있으면 제일 먼저 경영진을 만나러 갔다."

버핏도 '가십거리' 조사 작업 실력이 출중했다.

1951년 가이코 주식을 샀을 때도 그랬다. 그가 워싱턴의 가이코를 방문한 날은 마침 휴일이었다. 하지만 '6층에서 한 사람을 보았다'는 경비원의 말을 듣고 위로 올라갔다. 그랬더니 마침 재무담당 부사장이 친절하게 맞아주었다. 나중에 CEO 자리에 오르는 로리머 데이비슨이었다.

데이비슨은 처음에 5분쯤 상대해주고 적당히 헤어지려고 했지만, 대화를 나누는 사이에 버핏의 비범한 지식에 마음이 움직여 네 시간이나 이야기에 몰두했다.

이 대화는 실로 버핏에게 유용했다. 가이코의 다이렉트 마케팅에 감명받은 버핏은 이 회사의 주식을 350주나 사들였다. 연말에 그 평가액은 13,215달러나 되어 자산의 65퍼센트를 차지했다.

이후에도 버핏은 산더미처럼 쌓인 서류를 읽고 눈에 띄는 기업이 있으면 될수록 직접 방문했다.

유니온 노면 전차의 주식을 구입할 때에도 매사추세츠 주까지 자동차로 가서 마크 더프와 만났다. 이 방문으로 버핏은 결국 2만 달러의 이익을 거머쥘 수 있었다.

1963년 여행자수표와 신용카드로 알려진 아메리칸 익스프레스의 주가가 급락했던 적이 있다. 당시 케네디 대통령 암살 사건으로 주식시장은 얼어붙었고 대공황 이후 처음으로 긴급하게 거래가 중지되었다.

그 충격이 가라앉고 나서도 이 회사의 주식은 조금도 회복세를 보이지 않았다. 주가는 반토막이 났고 기업의 존속조차 여의치 않았다. 자회사의 부정행위로 막대한 손해를 입었던 것이다.

버핏은 오마하의 레스토랑과 가게들이 이 회사의 카드와 여행자수표 등을 어떻게 취급하는지, 또 다른 경쟁사와 비교해 카드의 이용량이 줄어들었는지 캐묻고 다녔다. 그 결과 이 회사의 브랜드 가치가 낮아지지 않았다는 확신이 들었다. 그는 자회사가 저지른 잘못에 대해 도의적인 책임을 지고 손해배상을 하겠다고 의사를 표명한 이 회사를 옹호하는 동시에 주식을 맹렬하게 사들였다.

1965년에는 버핏의 파트너십 중 3분의 1을 아메리칸 익스프레스가 차지했다. 아메리칸 익스프레스는 자산은 없었지만 유례없는 브랜드 가치와 경쟁력이 있었다. 이것은 버핏에게 엄청난 이익을 안겨주었다.

의심스러우면 맡기지 마라.
일단 맡겼다면 의심하지 마라

비즈니스 스쿨에 다닐까?
아니면 몇 개월 동안 B여사 밑에서 보고 배울까?
보고 배우는 쪽이 경영의 노하우를 알 수 있다.

_워런 버핏이 선택한 CEO들

버핏은 뛰어난 경영자를 좋아한다. 우수한 비즈니스를 뛰어난 경영자가 맡아준다면 실패하는 일은 있을 수 없고 반드시 큰 이익을 가져온다.

이런저런 경영자를 지켜본 버핏이 '실로 경영자의 귀감'이라고 여기는 인물은 네브래스카 퍼니처 마트Nebraska Furniture Mart의 일명 B여사, 로즈 블럼킨Rose Blumkin이었다.

버핏은 그녀와 만남으로써 진정으로 뛰어난 경영자란 무엇인지 깨달았다.

1893년 러시아에서 태어난 그녀는 가난한 생활 속에서 여섯 살부터 언젠가 미국으로 건너가겠다는 꿈을 품었다. 13세에 건어물 가게에서 일하기 시작한 그녀는 16세에 남자 몇 명을 고용하는 관리직이 되었다. 21세에 결혼한 그녀는 24세가 되는 1917년 미국으로 건너왔다.

입국 비자도 없었고, 영어 한 마디 못했던 그녀는 남편과 함께 의사소통이 가능한 마을을 찾아 나섰다. 마침내 1919년 그들은 러시아어를 할 줄 아는 유대인 이민자가 모여 사는 오마하로 이주했다.

이곳에서 소규모 장사를 시작한 그녀는 부모와 자식을 불러들여 생활하기 시작했다. 하지만 대공황의 여파 때문에 장사가 어려워지자 남편이 아닌 그녀가 가게 일을 전면적으로 떠맡았다.

B여사는 여전히 영어가 서툴렀지만 장사 수완만큼은 남달랐다. 박리다매로 대규모 가게에 대항했다. 그녀는 양복을 비롯해 보석, 모피, 가구 등 무엇이든 팔았다. 가격을 매우 낮게 책정해 백화점의 분노를 샀지만, '불쌍하다고 동정을 받는 것보다 미움을 받는 편이 낫다'고 여기는 그녀는 조금도 개의치 않았다.

그녀는 드디어 가구를 취급하는 가게 '블럼킨'을 개업했다. 이것이 퍼니처 마트의 씨앗이었다. 그녀는 지불이 늦어질 것 같으면 자기 집 가구를 팔아서라도 지급하겠다고 도매업자에게 약속했다. 약속을 철저하게 지키는 정직한 성품이 그녀를 곤경에서 구해주었다.

한국전쟁이 발발하고 가게 매상이 수그러들기 시작할 무렵 그녀는 카펫 제조업자에게 최저 가격 문제로 소송을 당했다. 하지만 그녀는 손님에게 바가지를 씌우지 않는다며 판사에게 강력하게 호소한 끝에 소송에서 이겼다.

오마하의 은행가가 B여사를 위해 5만 달러를 융자하면서까지 오마하 시 공회당을 빌려 대대적인 세일을 전개한 덕분에 궁지에서 빠져나온 적도 있었다.

결국 그녀의 가게는 북미 최대의 가구 판매점이 되었다.

"우리는 약속한 대로 합니다. 그렇게 약속했기 때문이고 그렇게 할 필요가 있기 때문입니다."

버핏은 1960년대에 B여사의 요청으로 퍼니처 마트의 매수 교섭에 나선 적이 있다. 그런데 그때는 교섭이 성립하지 않았다. 1983년 가게를 매각하려고 하는 그녀의 의중을 알아챈 버핏은 당장 교섭에 나섰다. 그는 B여사에게 가게를 다른 회사에 매각할 경우와 버크셔 해서웨이에 매각할 경우의 차이를 설명했다. 다시 말해 다른 상대는 당장은 '당신이 필요합니다'라고 말하지만 대다수는 마음이 바뀐다. 하지만 자기는 그렇지 않다고 말했다.

버핏은 퍼니처 마트의 장점과 경영자의 훌륭한 자질을 높이 평가했다. 따라서 애당초 경영에 간섭할 생각이 없었다. B여사에게 맡기면 모든 일이 순조로울 것이다.

계약은 성립했다. 퍼니처 마트는 놀라운 이익을 냈고 훌륭한 경영자를 데려왔다. 104세로 세상을 떠날 때까지 정정하게 일하던 B여사는 성공의 비결을 이렇게 요약했다.

◦ 정직한 삶을 살 것. -B여사가 성공한 이유는 정직한 태도로 손님을 대했기 때문이다. 참말을 하고 값싸게 파는 것, 그리고 부족한 점이 있으면 성의껏 보완해 나가는 것이 핵심이다.
◦ 온 힘을 다해 일에 매진할 것. -점심식사에 3시간 반이나 들이고, 라스베이거스나 하와이로 놀러가는 경영자라면 적어도 승리하는 경영은 할 수 없다.

그녀는 그야말로 버핏이 머릿속에 그려온 참된 경영자의 모습이었다.

뛰어난 경영자의 자질에 관해서는 이러저러한 논의가 있을 것이다. 그러나 버핏의 기준은 B여사였다. 투자할 때 우수한 기업을 구별해내는 것만큼이나 어떤 인물이 경영자로서 합당한가를 판별하는 것은 무척 중요하다.

했던 일보다 하지 않았던 일로 인생은 정해진다

열정이야말로 발군의 대가.

_스노볼

버크셔 해서웨이에는 여러 기업이 있는데 버핏은 기업 경영자에게 무엇 하나 지시하는 일도 없고 정기적으로 임원을 모아 그룹 전체 회의를 개최하지도 않는다.

이는 거대 그룹 기업을 이끄는 최고경영자로서는 아주 이례적인 행보라고 할 수 있다. 그러나 버핏 자신은 이것이야말로 기업이 잘되는 방식이라고 믿는다.

1967년 버핏은 유서 깊은 백화점 호치스차일드 콘으로 뼈아픈 실패를 겪은 뒤 소매업 경영을 위해서는 진실한 판매 전문가가 필요하다는 것을 통감했다.

마침 그때 어소시에이티드 리테일 스토어즈 이야기가 버핏의 귀에 들어왔다. 무엇보다 오너이자 경영자인 벤저민 로스너가 얼마나 열정적인 사람이었는지는 앞에서 말한 바와 같다.

그는 경비를 빈틈없이 절약하고 현금주의와 박리다매의 상술을 펼쳤다. 구입 물품 하나하나까지 꼼꼼하게 점검하는 로스너의 모습은 버핏에게 이상적으로 보였다.

가게를 매각한 이후에도 로스너는 버핏의 요청에 따라 계속 일했다. 결국 20년 동안이나 쉼 없이 일한 로스너는 은퇴를 앞둔 어느 날 버핏에게 이렇게 고백했다.

"당신이 이 회사를 샀다는 것을 잊고 내가 이 회사를 팔았다는 것을 잊었기 때문에 순조롭게 경영할 수 있었어요."

상대가 뛰어난 경영자라면 잔말할 필요 없이 믿고 맡기면 반드시 좋은 결실을 맺는다. 버핏은 로스너를 통해 자신이 투자한 기업과 바람직한 관계를 맺는 방법이 어떠해야 하는지 확신을 가졌다.

버크셔 해서웨이는 그룹 기업에 만연한 지루한 회의나 번거로운 서류 없이 업무를 진행하고, 문제를 정확히 평가하며, 올바른 결단을 내린다.

버핏이 하는 일이란 우량 기업과 뛰어난 경영자를 찾아내 투자하는 일이다. 기업을 손에 넣었다고 해서 이전 경영자를 내쫓고 버크셔 해서웨이의 경영자를 앉히는 일은 하지 않는다. 대개는 매입한 기업을 예전의 경영자가 그대로 경영하도록 한다.

왜냐하면 기존의 경영자도 발군의 수완을 갖고 있고, 자기가 하는 일을 사랑하고, 탁월한 업적을 남기는 일에서 즐거움을 찾기 때문이다.

훌륭한 실적을 자랑하는 '4할 타자'나 '슈퍼스타'를 일부러 교체할 필요가 있느냐는 말일 것이다.

"매수한 기업에 대한 우리의 최고 공헌이라면
우리가 좌지우지하지 않은 것입니다."

버핏은 기업을 장기 보유할 뿐 본사라는 이유로 간섭할 생각이 조금도 없다. 버크셔 해서웨이의 기업 대부분은 자치권을 확보한 채 운영되고 있다. 경영자 대다수는 오마하에 가본 적도, 회의하느라 서로 얼굴을 마주한 적도 없다.

이런 방식은 참으로 보기 드물다.

매수한 시점부터 경영을 맡기는 기업도 없지 않겠지만 결국 본사가 이런저런 지시를 내리고 '혁신'이라는 이름으로 경영진을 교체하거나 사업을 재구축하기 십상이다. 그 편이 훨씬 경영이 매끄럽고 매각할 때도 비싸게 팔 수 있다고 믿기 때문이다.

그러나 버핏은 우량 기업을 오래 보유할 뿐 아니라 우수한 경영자에게 그대로 경영을 맡겨야 뛰어난 실적을 낸다고 믿는다. 실제로 그 결과는 그의 신념대로 나온다. 버크셔 해서웨이에 속한 경영자의 임무는 다음 네 가지뿐이다.

◦ 회사를 100퍼센트 소유하고 있다고 생각하고,

◦ 과거와 미래를 묻지 않고

◦ 자신과 가족에게 마치 회사가 유일한 자산인 것처럼

◦ 적어도 100년 동안 매각이나 합병을 할 수 없다는 각오로

기업 경영에 임하는 것이다.

바꿔 말하면 자신이 단순한 고용 경영자가 아니라 회사의 주인이라는 마음가짐으로 책임과 열의를 다해 경영하는 것을 가리킨다.

버핏에게는 오너 경영자의 마음을 사로잡는 강력한 매력이 있는 것이다.

버핏 연보

*1929*년	암흑의 목요일. 대공황 시작
*1930*년(*0*세)	네브래스카 주 오마하에서 출생
*1931*년(*1*세)	아버지 하워드 버핏이 증권회사 설립
*1939*년(*9*세)	제2차 세계 대전 발발
*1941*년(*11*세)	첫 주식 구입
	미국에서 최초로 상업 TV 방송
*1942*년(*12*세)	아버지 하원의원 당선. 워싱턴으로 이주
*1943*년(*13*세)	첫 소득세 신고
*1944*년(*14*세)	농지를 구입하여 농장 경영 경험
*1945*년(*15*세)	제2차 세계 대전 종전
*1947*년(*17*세)	펜실베이니아 대학 금융학과 입학
*1948*년(*18*세)	펜실베이니아 대학 중퇴
*1949*년(*19*세)	네브래스카 대학 오마하 캠퍼스 편입
	벤저민 그레이엄 〈현명한 투자자〉 출판
*1950*년(*20*세)	뉴욕 주 컬럼비아 대학원 진학. 벤저민 그레이엄의 지도를 받음

	한국전쟁
*1951*년(*21*세)	대학원 수료. 오마하로 돌아와 아버지의 증권회사에서 근무. 가이코 주식 매입. 데일 카네기 대화 교실 수강
*1952*년(*22*세)	네브래스카 대학 야간 수업에서 투자 원리 강의. 수잔과 결혼
*1954*년(*24*세)	자산운용사 그레이엄 뉴먼에 입사
*1956*년(*26*세)	오마하로 귀향
	미국 경제 공전의 번영
*1957*년(*27*세)	5곳의 파트너십 운영. 오마하 교외에 자택 구입
*1959*년(*29*세)	찰리 멍거와 만나 의기투합
*1962*년(*32*세)	파트너십을 버핏사로 통합. 버크셔 해서웨이 주식 매입
*1964*년(*34*세)	아메리칸 익스프레스 주식 매입
*1965*년(*35*세)	버크셔 해서웨이의 경영권 획득. 월트디즈니 주식 매입
	베트남 전쟁
*1968*년(*38*세)	버크셔 해서웨이 경영에 전념
	마틴 루서 킹 목사 암살
*1969*년(*39*세)	버핏사 해산
	아폴로 11호 달 착륙
*1970*년(*40*세)	연차보고서 '버핏의 주주서한' 시작
*1971*년(*41*세)	달러 쇼크
*1972*년(*42*세)	씨즈캔디 매수
	워터게이트 사건
*1973*년(*43*세)	워싱턴포스트 투자

*1975*년(*45*세)	찰리 멍거가 버크셔 해서웨이의 부사장으로 취임
	베트남 전쟁 종료
*1977*년(*47*세)	버펄로 이브닝 뉴스 매수. 수잔과 별거
*1979*년(*49*세)	부호 순위 '포브스 400'에 첫 등장
	미국 스리마일 섬 원전 사고
*1985*년(*55*세)	버크셔 해서웨이의 섬유 부문 폐쇄. 투자회사로 전환
*1986*년(*56*세)	부호 순위 '포브스 400' 베스트 10에 진입
	구소련 체르노빌 원전 사고
*1987*년(*57*세)	솔로먼 브라더스에 투자
	블랙 먼데이 주가 대폭락
*1988*년(*58*세)	코카콜라 주식 매입
*1991*년(*61*세)	솔로몬 임시 회장에 취임. 위기 탈출에 전력
	구소련 해체
*1996*년(*66*세)	보험회사 가이코 매수
*1997*년(*67*세)	아시아 통화 위기
*1998*년(*68*세)	이그제큐티브 제트 매수
*1999*년(*69*세)	인터넷 버블 시작
*2000*년(*70*세)	버핏과의 점심식사 옥션 시작
	인터넷 버블 꺼짐
*2003*년(*73*세)	부동산 버블 시작
*2004*년(*74*세)	아내 수잔 사망
*2006*년(*75*세)	재산의 85%를 자선단체에 기부한다고 발표. 재혼
*2007*년(*77*세)	서브프라임 사태로 버블 꺼짐

*2008*년(*78*세)	부호 순위 '포브스 400' 1위에 오름
	리먼 파탄과 세계 금융 위기
*2011*년(*81*세)	부자 과세 '버핏 룰' 제창

인용·참고문헌

다음에 열거한 서적을 참조했다. 하나같이 배울 것이 많은 역작이다. 이 자리를 빌려 감사드린다.

특히 본문 속에 에피소드로 차용한 워런 버핏이나 찰리 멍거의 말을 인용했다. 또한 인용문은 뜻을 해치지 않는 범위에서 약간 생략하기도 했다.

〈스노볼〉, 앨리스 슈뢰더, 랜덤하우스코리아(*2009*)
<The Snowball: Warren Buffett and the Business of Life>, Alice Schroeder, 2008.

〈워렌 버펫의 투자격언〉, 자넷 로우, 세종서적(*1999*)
<Warren Buffett Speaks: Wit and Wisdom from the World's Greatest Investor>, Janet Lowe, 1997.

〈워런 버핏의 오마하 성지 순례〉
〈Pilgrimage to Warren Buffett's Omaha: A Hedge

Fund Manager's Dispatches from Inside the Berkshire Hathaway Annual Meeting>, Jeff Matthews, 2008.

〈워렌 버핏이 선택한 *CEO*들〉, 로버트 마일스, 국일증권경제연구소(*2003*)
<The Warren Buffett CEO: Secrets from the Berkshire Hathaway Managers>, Robert Miles, 2001.

〈버핏〉, 로저 로웬스타인, 리더스북(*2009*)
<Buffett: The Making of an American Capitalist>, Roger Lowenstein, 2008.

〈워런 버핏의 주주 서한〉, 워런 버핏, 서울문화사(*2015*)
<The Essays of Warren Buffett: Lessons for Corporate America>, Lawrence Cunningham, 2015.

〈찰리 멍거 자네가 옳아!〉, 재닛 로우, 이콘(*2009*)
<Damn Right: Behind the Scenes with Berkshire Hathaway Billionaire Charlie Munger>, Janet Lowe, 2003.

〈현명한 투자자〉, 벤저민 그레이엄, 국일증권경제연구소(*2016*)

<The Intelligent Investor>, Benjamin Graham, 2006.

〈위대한 기업에 투자하라〉, 필립 피셔, 굿모닝북스(2005)
<Common Stocks and Uncommon Profits and Other Writings>, Philip Fisher, 1996.

〈미스터 버핏〉
<Dear Mr. Buffett: What an Investor Learns 1,269 Miles from Wall Street>, Janet Tavakoli, 2010.

〈워렌 버핏 투자 노트〉, 메리 버핏, 데이비드 클라크, 국일증권경제연구소(2007)
<The Tao of Warren Buffett>, Mary Buffett, David Clark, 2006.

〈벤저민 프랭클린 자서전〉
<The Autobiography of Benjamin Franklin>, Benjamin Franklin, 1793.

투자는 워런 버핏처럼

1판 1쇄 발행 | 2020년 1월 15일

지은이 | 구와바라 데루야
옮긴이 | 김경원
펴낸이 | 이동희
펴낸곳 | ㈜에이지이십일

출판등록 | 제2010-000249호(2004. 1. 20)
주소 | 서울시 마포구 성미산로 1길 5 202호 (03971)
전화 | 02-6933-6500
이메일 | book@eiji21.com

ISBN 978-89-98342-58-6 (03320)